ビジネスパーソンのための
文楽のすゝめ

竹本織太夫

はじめに

みなさん、セレンディピティという言葉をご存じですか?

広辞苑によると、「思わぬものを偶然に発見する能力」「幸運を招きよせる力」とあります。例えば、ニュートンは木からリンゴが落ちるのを見て、万有引力の法則を発見しました。アメリカの禁酒法時代、ノンアルコール飲料の開発途中に水と間違えて炭酸水を入れたことがコカ・コーラ誕生のきっかけでした。科学の世界では、大きな発見

が偶然からもたらされることが多いため、この言葉が使われますが、ビジネスシーンにおいてもトライ&エラーを繰り返すうちに、偶然の出会いや発見をすることがあるはずです。

　私は文楽の太夫《たゆう》をしています。文楽とは日本の伝統芸能で、語り手である「太夫」、三味線を奏でる「三味線弾き」、人形を操る「人《にん》形遣《ぎょうつか》い」でつくりあげる人形芝居。20代30代の方からすると「伝統芸能は敷居が高い」というイメージがあるかもしれません。しかし、私の実感は少し違います。これまで、私の楽屋をいろんな業界の方が訪ねてくださいました。その中には、若き起業家や経営者、政治家など、業界を引っ張るリーダーが数多くいらっしゃいました。みなさん、分単位のスケジュールで動いているにもかかわらず、公演があるたびに足を運んでくださいます。彼らはなぜ文楽を愛し、どのような視点で楽しんでいるのか。彼らが感じている文楽の魅力を知れば、文楽がビジネスパーソンにとってのセレンディピティになり得るのではないか。そう思うようになりました。

　文楽の演目には大きく分けて「世話物」と「時代物」の二つのジャンルがあります。２０１８年に刊行した書籍『文楽のすゝめ』では、「世話物」を取り上げました。江戸時代に実際に起きた事件を脚色した「世話物」は、当時の人々からすれば月9のトレンディードラマ。そして、今回取り上げる「時代物」は、源氏《げんじ》と平家《へいけ》、戦国時代の下克上、武家社会の御家騒動などがテーマ。本音と建前、自己犠牲、ジレンマといった現代社会でもありがちな状況が数多く出てきます。つまり、大河ドラマとして楽しめるうえに、先人から処世術や生きざまを学ぶことができるのです。

　時代は繰り返す、温故知新とはよく言ったもの。働き方改革やコンプライアンスの重要性が叫ばれる世の中になっても、職場に停滞感、人間関係に窮屈さを感じている人は多いのではないでしょうか。懸命にもがきながら、今を生きる人にこそ、一種のケーススタディとして文楽を観ていただきたい。そして、それがみなさんの人生や仕事において、価値ある出会いになればこれ以上の幸せはありません。

写真／渡邉肇

写真は文楽三大名作の一つ、『仮名《かな》手《で》本《ほん》忠《ちゅう》臣《しん》蔵《ぐら》』の一幕。仮名手本忠臣蔵は赤穂《あこう》浪士の討ち入りを題材にしていますが、物語の内容は史実と異なります。時代物は史実をベースに、現代でいう都市伝説を取り込むなど脚色を加え、物語に深みやおかしみをもたらしています。

写真／渡邉肇

目次

岩瀬大輔が考える「文楽のすゝめ」

写真／濱田英明

岩瀬大輔

ライフネット生命保険株式会社

創業者

ライフネット生命保険の創業者であり、著書『入社1年目の教科書』がベストセラーになるなど、若い世代のビジネスパーソンに影響力を持つ岩瀬大輔《いわせだいすけ》さん。約20年、足繁く劇場に通う大の文楽ファンを公言している。

「大学時代の恩師であるアメリカ人教授の言葉がきっかけでした。その先生はさまざまな文化や芸術に造詣の深い方で。『世界中であらゆる舞台芸術を観てきたが、文楽が一番素晴らしい。日本の宝なのに、日本人の君が観ていないのはおかしい』と」

その言葉を聞いた岩瀬さんは早速劇場へ。「正直、話はよく分からなかった」が、なんだかすごいものを観た気がした。

「人形の動きが、人間よりも人間らしいということにまず驚いて。観ているうちに、人形遣《にんぎょうつか》いの姿がふっと消える。衝撃ですよね。これはまた観たい、と思いました」

以来、東京で公演があるたびに足を運び、チケットを取りやすくするため国立劇場《こくりつげきじょう》の有料会員にもなった。一人で大阪の国《こく》立文楽劇場《りつぶんらくげきじょう》を訪れ、第1部から第3部まで一日中文楽を観たこともある。当時iPodに入っていたのは素浄瑠璃《すじょうるり》（太夫《たゆう》と三味線の音源）だ。

「20代は文楽のおもしろさを共有できる人が周りにいなかった

ですね。同世代の女の子に、曽《そ》根崎心中《ねざきしんじゅう》の一節〝この世《よ》の名残《なごり》、夜《よ》も名残《なごり》〟って超よくない？って言っても、『はぁ⁉』と言われたりして（笑）」

観れば観るほどおもしろくなり、座席や演目が変わるごとに、太夫と三味線、人形遣いの関係性が見えてきた。岩瀬さんはそれをジャズに似ていると言う。

「最初は人形に注目していましたが、実は太夫の語りに合わせてすべてが動いているんですよね。ピアノトリオみたいだなと。長年ジャズが好きで、自分でも演奏しますが、ジャズミュージシャンは楽器を弾きながら、実はすごく他の楽器を聴いているんです。お互いの音に合わせて押したり引いたり、即興で作り上げる。文楽もそれぞれの息遣いに合わせて動く、筋書きのあるアドリブですよね。だから人形は生々しいし、太夫の語りや三味線の音で豊かな感情表現ができるんだと思います」

エンタメ性の高い文楽は
センスのいい趣味

岩瀬さんが好きなのは、文楽のエンタメ性だ。それは物語作品として質が高いということ。

「特に時代物はプロットがすごく練られていて、ストーリーが入り組んでいますよね。この人が実は誰々だったとか、裏切ったと見せかけて先を読んだうえでの作戦だったとか。世話物も、人物描写がリアルだったり、視覚的に楽しめる演出がされていたり。エンターテインメントとしてすごくおもしろい。だから若い人もどんどん観たらいいのにと思いますね」

もともと、当時のスキャンダルや事件を扱った世話物はいわばワイドショー、時代物は大河ドラマのようなもの。難しい芸能ではなく、庶民の娯楽なのだ。だから気楽に何も考えずに観るのが一番だと岩瀬さんは言う。

「文楽って硬いイメージがあるかもしれませんが、意外と下世話なものもあるし、恋愛もたくさん出てくる。大筋さえなんとなくつかんでおけば、深く考えずに楽しめばいいと僕は思うんです。総合芸術として全身で楽しむ。僕は文楽が好きだから、もっといろんな人が観てくれたらと思うし、昔から自分の好きなものを人に薦めたがる性格で。だから今まで文楽にもいっぱい人を連れていきました。若手の経営者や著名な方、社員10人ほどで行ったこともありますね。文楽の方に感謝されるぐらい大勢の人を連れていきましたよ（笑）」

誘う相手の職種はさまざまだが、文楽を好きになりそうな人に声をかけるという。なかには岩瀬さんがきっかけで、文楽のコアなファンになる人もいる。

「舞台が好きな人は文楽にも興味を持ってくれますね。あとは好奇心旺盛な人、カルチャーやアート好き、オタク気質な人もハマる要素大です」

こうして多くの「文楽初心者」をいざなってきた岩瀬さん。文楽を観るにあたり、必ずといっていいほど伝えることがある。

「何回か観た方がいいと言いますね。最初の1回だけでは、おもしろさが分からないかもしれない。でも行けば行くほど累積的に楽しさが増すはずなので、できれば1回で終わらないでって。それから、『寝ていいよ』と（笑）。休憩があるとはいえ、上演時間が長いので。僕もふと寝てしまう瞬間があるし、それはもう心地いいから仕方ない。起きてなきゃいけないと思うと辛くなるから、寝ていいよと言っておく。そうするとむしろ満足度が高くなるんです。観終わった後に『ちょっと寝ちゃったけどすごく楽しかった』と言ってくれる人が多い。それも含めていい時間を過ごしたなって感じられることが大事だと思うから」

　他にも文楽を人に薦めたい理由はたくさんある。チケットが比較的リーズナブルなところ、人形のかわいらしいビジュアル、桜や雪など日本の四季を表現した美しい演出……。

「つまり文楽は品のいい教養とエンタメなんです。手軽なエンターテインメントだけど、品格があって、芸術度と完成度が高い。ビジネスパーソンならセンスのいい趣味は持っておきたいですよね。文楽はそれにうってつけなんです。例えば海外に行って外国人と話すときに、自国の文化を知ってることはすごく大事。実際僕も外国人を文楽に連れていってとても喜ばれましたし。文楽は、自分の引き出しの一つになる〝ちょっといい趣味〟なんです」

　関心の範囲を広げると、人間関係も広がりを見せる。岩瀬さんは文楽を通じて、クリエイティブディレクターである博報堂ケトルの嶋浩一郎《しまこういちろう》さんやグッドデザインカンパニーの水野学《みずのまなぶ》さんと知り合った。

「普段は出会わないような業界の方と親しくなったのは、文楽という共通の趣味があるから。読書でもなんでもそうですが、興味の幅を広げるのは大事。友達も増えるし、人と話すときのネタにもなる。好奇心を持っていたら関係ないものがヒントになることもあります。それを目的に文楽を観ているわけではないけれど、結果的にそうなったりするのもおもしろいですよね」

年齢を重ねるほどに おもしろさが増していく

　文楽歴は約20年。岩瀬さんは、これからもまだまだ文楽を観るのが楽しみだという。

「文楽は人間の悲喜こもごもを描いているので、人生経験を積んだ方が感情移入しやすいと思います。例えば子どもが死んでしまう場面なら、観る人の状況によってきっと感じ方が違いますよね。親の目線で観るとか、部下を抱えるリーダーの立場で観るとか、自分のライフステージによって、共感する人物や度合いが変わると思うんです。だから、年を重ねれば重ねるほど、多くのキャラクターを深く理解できるようになる。ということは、これからもっとおもしろくなるし、ずっとおもしろいということなんです。それって最高じゃないですか」

いわせ・だいすけ
1976年生まれ。東京大学法学部卒。ハーバード経営大学院では卒業時に上位5%に入る成績最優秀称号(ベイカー・スカラー)を受ける。2008年、ライフネット生命保険株式会社を共同創立。代表取締役社長、取締役会長を歴任後、2019年に退任。2018年より香港に拠点を移し、アジア大手生保のAIAグループのグループ・チーフ・デジタルオフィサーに就任。

ビジネスで大事なことは今も昔も変わらない。名作から学ぶ、ここその処世術

ビジネスを取り巻く環境は技術の進化によって劇的に変化しているが、仕事に取り組む姿勢やコミュニケーション、人間関係といった本質はそう変わらない。文楽の時代物に登場する武士たちも、身分社会の中で葛藤し、日々を闘っているのだ。大河ドラマとして楽しみつつ、先人たちのノウハウを学んでみよう。

写真／渡邉肇

名作『妹背山婦女庭訓《いもせやまおんなていきん》』（P14）の舞台を描いた錦絵。文楽は通常、太夫《たゆう》と三味線が演奏する「床《ゆか》」といわれる場所が舞台の上手にあるが、この演目に限っては反対側の下手にも床が設けられる両床体制。吉野川《よしのがわ》を隔て、上手は大判事《だいはんじ》家、下手は太宰《だざい》家。両家が対立する状況を効果的に見せている。国立劇場所蔵

妹背山婦女庭訓

いもせやまおんなていきん

妹山背山の段より。久我之助と雛鳥は夫婦になることを夢見ていたが、蘇我入鹿の暴挙によって仲を引き裂かれ、若くして命を絶つことに。互いの親がせめてもの償いとして、息絶える寸前の久我之助のもとに雛鳥の首を届ける。これほど悲しい嫁入りはない。

情報はしっかり検証せよ

『バカの壁』や『国家の品格』といったタイトル、きっと一度は読んだことや耳にしたことがあるだろう。これらは平成で最も売れた実用書の一つといわれている。このように、いつの時代にもベストセラーはある。世相を捉える独自の視点、分かりやすく解説された知識や思想。そこに、多くのビジネスパーソンが学びと気づきを求めてきた。

約250年前の江戸時代にも人々を惹きつけるベストセラーがあった。当時の人形浄瑠璃《にんぎょうじょうるり》で最も上演頻度の高かった演目の一つ、『妹背山婦女庭訓《いもせやまおんなていきん》』だ。

1771年に初演されたこの物語は、中大兄皇子《なかのおおえのおうじ》（後の天智《てんち》天皇《てんのう》）と中臣鎌足《なかとみのかまたり》が、豪族・蘇我入鹿《そがのいるか》を武力によって排除し、天皇中心の新政を行った「大化《たいか》の改新《かいしん》」を題材としている。見せ場となる三段目「妹山背山《いもやませやま》の段」は、対立する家に生まれた男女の悲恋を描き、東洋の『ロミオとジュリエット』ともいわれる。一見ビジネスとは無関係に思えるこのベストセラーにも、現代のビジネスパーソンにとって見逃せない学びがある。

舞台は吉野川《よしのがわ》を挟んで向かい合う、大判事《だいはんじ》家と太宰《だざい》家の山荘。紀伊《きい》の国を治める大判事家と大和《やまと》の国を治める太宰家は、国の境界線をめぐって、長らくの間冷戦状態にあった。そんななか、大判事家の息子・久我之助《こがのすけ》と太宰家の娘・雛鳥《ひなどり》が恋に落ちる。自由恋愛など許されなかった時代。2人は両家の不和を嘆きながらも、心のうちでは将来を誓い合っていた。

ある日、大判事家の主・清澄《きよずみ》と太宰家の後室（未亡人）である定高《さだか》は、蘇我入鹿に呼び出される。権力をかざして暴政を敷く入鹿は両家の忠誠心を疑い、大判事家には久我之助の出仕を、太宰家には雛鳥を自分の妃として差し出すように命じたのだった。命令に背けば、両家の未来はない。入鹿から提示された無理難題に、大判事清澄と定高はそれぞれの覚悟を確かめ合う。もし我が子が従わない場合には、親の手で首を討つしか方法はない。2人は、子どもが命令を受け入れれば花がついた桜の枝を、子どもが命令に背き首を討つことになれば、花のない桜の枝を互いに川に流して知らせる。そう約束して別れた。

太宰家では、定高が雛鳥に嫁入りを告げる。その相手は入鹿だと知らされ、驚き、涙する雛鳥だが、入鹿のもとへ嫁げば久我之助の命が助かると説得され、泣く泣くそれを受け入れる。一方、大判事家では、父・清澄が久我之助に切腹の許しを与えていた。というのも、久我之助が出仕すれば助けるというのは入鹿の嘘で、天智天皇側の情報を吐かせるために拷問される。清澄はそう見抜いていたからだ。武士の命ともいわれる刀がまさか我が子の首を討つためにあったとは……と悲しみに暮れる清澄。切腹の覚悟を決める久我之助も顔を見合わせ、2人は泣き伏せるのだった。

　入鹿への嫁入りを承諾したように見える雛鳥だが、その心のうちを定高は分かっていた。久我之助を愛する雛鳥は、嫁入りすれば自害するに違いない。娘を想う定高は、自らの手で死なせることを決意する。

　その頃、久我之助がついに自らの腹に短刀を突き立てる。雛鳥と太宰家を救うため、出仕を聞き入れたことにしてほしいと頼まれた清澄は、花のついた桜の枝を川に流す。枝を見た雛鳥は喜び、久我之助を安心させるため、定高もまた花のついた桜の枝を流す。そしていよいよ雛鳥の首を討ち、たまらず泣き声をあげるのだった。

　定高の声を聞いた清澄はハッとして障子を開け放つ。川を挟んで見合わす両家。清澄は、定高が雛鳥の首を討ったことを悟る。定高もまた久我之助が切腹したことを知ってしまう。定高は、久我之助の息のあるうちに娘との祝言《しゅうげん》をあげさせたいと、ひな祭りの道具を嫁入り道具に見立て、雛鳥の首を川越しに送る。清澄は涙を流しながら、久我之助に「お前たちは親が許した夫婦だ」と告げ、その首を討ち落とすのだった。

　この切ない恋の結末に、ビジネスパーソンが教訓とすべきは「情報」である。ソーシャルメディアをツールとしたマーケティングが発展し、発信する側、そして受け取る側としてもスキルが求められるようになった。情報リテラシーの欠如がビジネスや企業に与えるダメージは計り知れない。デマや誤った情報に翻弄《ほんろう》されていては、重大な不祥事、トラブルを引き起こしかねない。久我之助と雛鳥の物語における、桜の枝である。領地争いで冷戦状態が続いていた両家は、ビジネスでいうライバル企業。入鹿からの命により、家の存続の危機に陥っている。企業にとって「存続」は最大の目的の一つだ。花のついた桜の枝は、2人の恋心と親の愛情が下した苦汁の決断だが、一種の情報操作である。せめて相手の家だけでも残ってくれたら。そんな気持ちから発信されたフェイクニュースに、互いが踊らされるのだ。

　もし発信された情報に頼らず、自分たちの目で状況を確認していれば……。目先の情報だけをうのみにして検証を怠っては、真実を見失ってしまう。一次情報と二次情報では、その価値に大きな差があることを決して忘れてはいけない。

　結果として共倒れとなった大判事家と太宰家。長年の確執が雪解けしたときには、もうどちらの家の子ども命を落としてしまった。互いを思いやったがゆえの悲しい結末だ。

　桜の枝という相手から発信されたメッセージの表層だけではなく、裏側に隠された思いや真実を読み取り、検証する。そんな情報リテラシーがどちらかにあれば、両家には違う未来が待っていたのかもしれない。

妹背山婦女庭訓 主要人物相関図

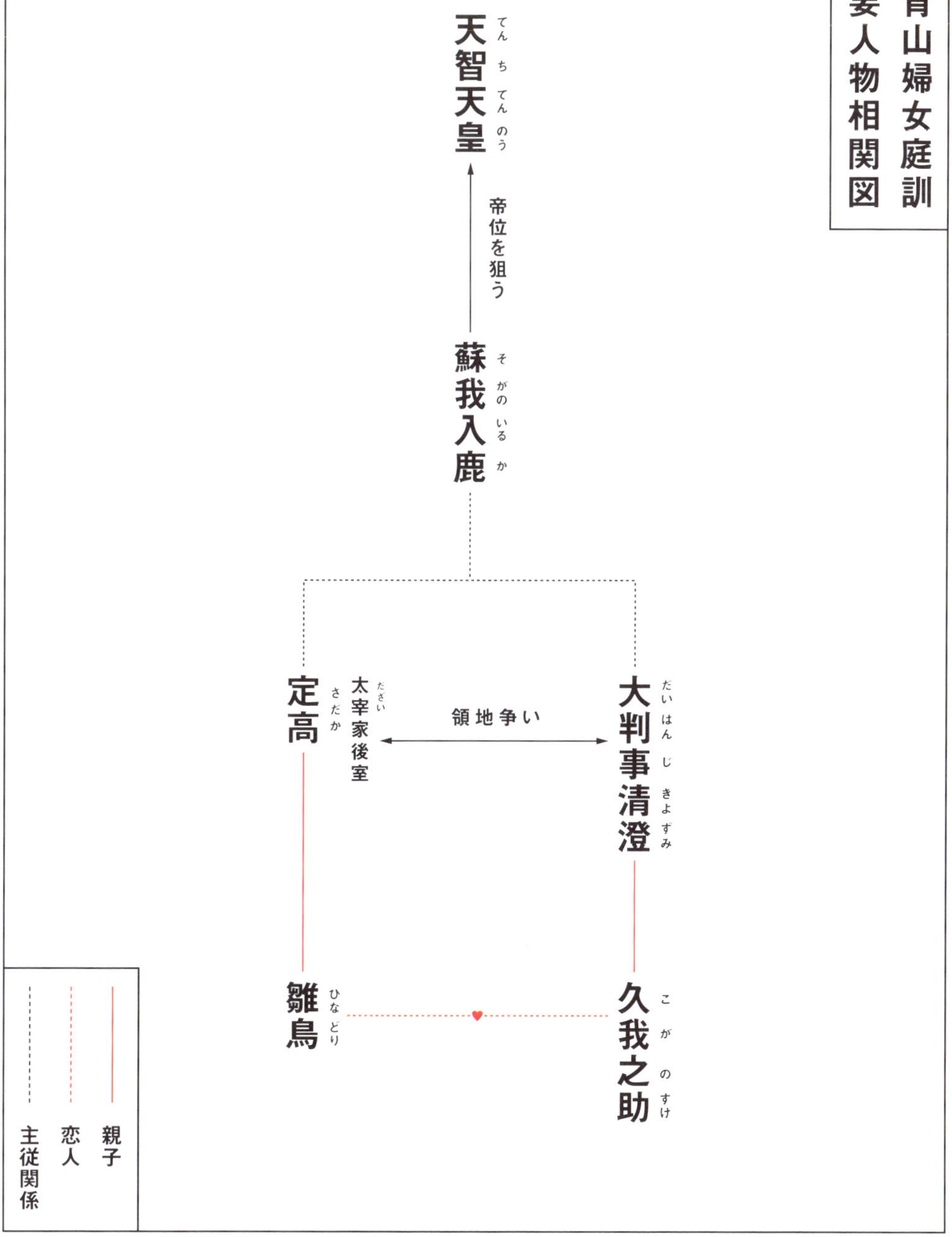

国性爺合戦

こくせんやかっせん

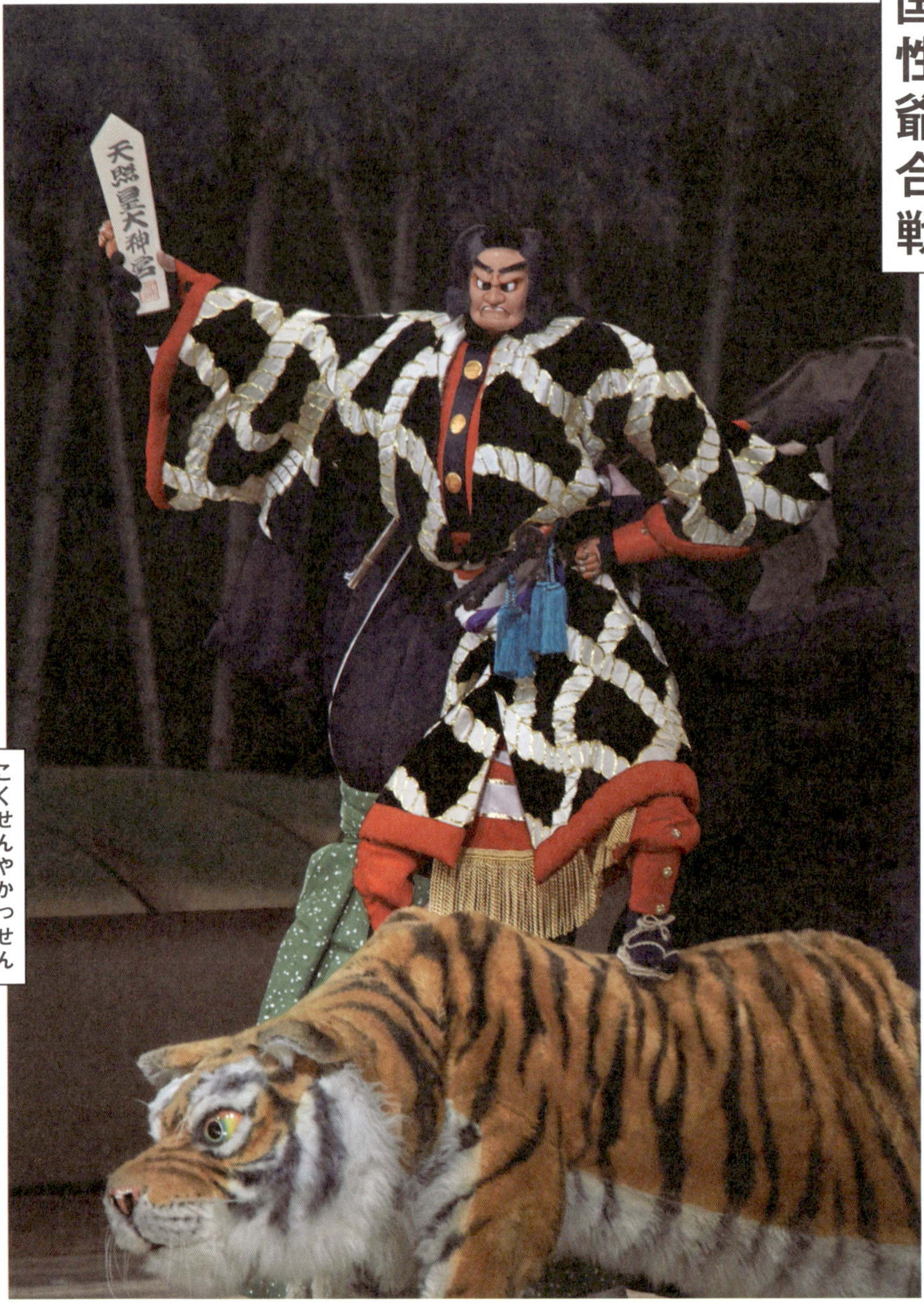

千里《せんり》が竹《たけ》虎《とら》狩《が》りの段より。父の故郷･明国が滅亡の危機に瀕していると知り、和藤内は明国復興のため唐土に渡る。竹林でどう猛な虎と遭遇するも、持ち前の怪力で圧倒。伊勢神宮《いせじんぐう》の御札をかざして虎を懐かせる場面は、この先の活躍を予感させる。

課題を意識していればヒントは絶えず目の前にある

鄭成功《ていせいこう》という人物をご存じだろうか。1624年、長崎・平戸《ひらど》の生まれ。父は中国人海商、母は日本人のハーフで、7歳のときに、父の故郷である明《みん》へと渡った。明は隣国の清《しん》に侵略されるが、鄭成功は抵抗運動で頭角を現し、明の皇帝から国姓にあたる「朱《しゅ》」を賜る。恐れ多いと鄭成功は朱姓を名乗らなかったが、人々からは国姓を賜った大身という意味で「国姓爺《こくせんや》」と呼ばれるようになる。

　のちに、鄭成功は台湾を占拠していたオランダを追放し、台湾独自の政権を打ち立てた。そのため、台湾では不屈の精神を持つ英雄として現在もあがめられている。

　近松門左衛門《ちかまつもんざえもん》の『国性爺合《こくせんやかっ》戦《せん》』は、その鄭成功の活躍を題材にした演目だ。鄭成功こと和藤内《わとうない》が、妻の小《こ》むつと漁に出かけたところ、漂流する一隻の唐土《もろこし》船と出合う。そこには明皇帝の妹、栴檀《せんだん》皇女が乗っていた。そして、明が今、隣国の韃《だっ》靼《たん》国に侵攻を受け、滅亡の危機に瀕していることを知る。和藤内の父・老一官《ろういっかん》は、元は明の忠臣。皇女から祖国の危機を告げられた老一官夫婦と和藤内は、祖国を再興するために唐土へ渡る。

　実は老一官には唐土に残してきた先妻との娘・錦祥女《きんしょうじょ》がいた。今は甘輝《かんき》という武将の妻になっている。老一官親子はその甘輝を訪ね、味方についてもらおうと考えたのだ。

　甘輝の城に着くと、あいにく甘輝は外出中。城の警備は厳しく、近寄ることすらできない。すると楼門の上に錦祥女が姿を見せる。訪ねてきたのが父・老一官と知り、20年ぶりの再会を涙ながらに喜ぶ。甘輝の立場を考え、城内には縄をかけられた母が一人で入り、甘輝の帰りを待つことに。錦祥女は、夫が味方につけば白粉《おしろい》を、つかないなら紅粉《べに》を水路に流して知らせると、和藤内に約束する。

　甘輝が城に戻ってきた。母が早速事情を話し、味方になってほしいと詰め寄ると、甘輝は「味方になろう」と答えるや否や錦祥女を刺そうとする。妻にほだされ、韃靼王《だったんおう》を裏切る程度の武将だと思われては末代の恥。味方になるならまず妻を殺してからだというのだ。これを聞いた錦祥女は自ら進んで殺されようとするが、母は身を投げ出してかばう。甘輝はこのままでは味方になれないと言い放つ。

　水路に紅が流れてきた。それを見た和藤内は激高《げっこう》し、城内へ乗り込む。まさに甘輝と剣を交えようかという緊張のそのとき、錦祥女が2人に割って入る。胸には突き刺さった剣。錦祥女は、夫が和藤内の味方になれるよう自害したのだ。水路に流した紅色は、紅粉ではなく錦祥女の血だった。妻の思いに心を打たれた甘輝は、味方になることを約束。和藤内の名を、国性爺鄭成功と改めさせたのだった。

和藤内の勇壮果敢なアクション、離れ離れだった父と娘の感動的な再会、そして緊迫する甘輝との対面。近松が描いた時代物の中でも群を抜くスケールといわれている。鎖国時代の日本にとって、中国は未知の国。当時の観客からしてみれば、今でいうスター・ウォーズ級の衝撃だったに違いない。聞きなれない外国の言葉が飛び交い、衣裳や空間には異国情緒があふれ、まるで別世界を見ているような舞台の仕掛けに人々は熱狂したはずだ。『国性爺合戦』は初演時から、17カ月連続公演という大ヒットロングランを記録した。

世界を股にかけたこの壮大な物語で、ビジネスパーソンに注目してほしいのは、「平戸浜伝《ひらどはまづた》いより唐土船《もろこしぶね》の段」。和藤内が妻と漁に出かけて貝をとるという、ストーリー全体に比べるとなんとも地味な場面だ。

砂浜でハマグリと鴫《しぎ》が争っている。鴫はハマグリにくちばしを挟まれ、首を振って岩でハマグリを砕こうとするが、ハマグリは鴫を水中に引き込もうとする。ともに争いに夢中で、和藤内が近づくのにさえ気づいていない。これを見ていた和藤内は、鴫とハマグリが争っているすきに両方を手に入れられると悟る。つまり明国と韃靼国が争っている今、自分が海を渡れば両国を制圧できると考えるのだ。中国の戦国時代の史書に書かれた「漁夫の利」である。日常で出合ったなにげない風景から、誰に教えられたわけでなく、和藤内は兵法の奥義を発見したのだ。

どんな分野においても、〝気づき〟が革新につながる。例えば回転寿司は、寿司屋の店主がビールの工場見学でベルトコンベヤーに並ぶビール瓶を見て思いついた。新幹線は、鳥の中で最も音を立てずに飛ぶフクロウの羽根を研究。パンタグラフに羽根をまねたギザギザを付けることで、厳しい騒音基準をクリアできた。実は目の前に、すべての課題解決のヒントがあるのだ。ただ、そのヒントは、もちろん自らがヒントであることを教えてはくれないし、意外なところからやってくる。四六時中、問題意識を持っているからこそ発見できるのである。通勤電車に揺られているときも、お風呂でシャンプーしているときも、課題は常に頭の片隅に。そうして自分の周りを観察していると、一見関係ないもの同士がふいにつながり、思いがけないブレークスルーとなる。

なるはやで、迅速に、最優先で、可及的速やかに。ビジネスシーンでは課題解決のスピードが重視されることも多い。確かに早いに越したことはないが、最短距離を求めるあまり、近視眼的な視点になってはいないだろうか。コスパや効率ばかりを追求した結果に生み出されるアイデアは、きっと想像の範囲を超えるものにはならない。無駄に見えるもの、遠まわりに思えるものの中に、予想だにしないヒントが隠されているかもしれない。それに気づけただけで、答えに一歩近づいているはずだ。

国性爺合戦 主要人物相関図

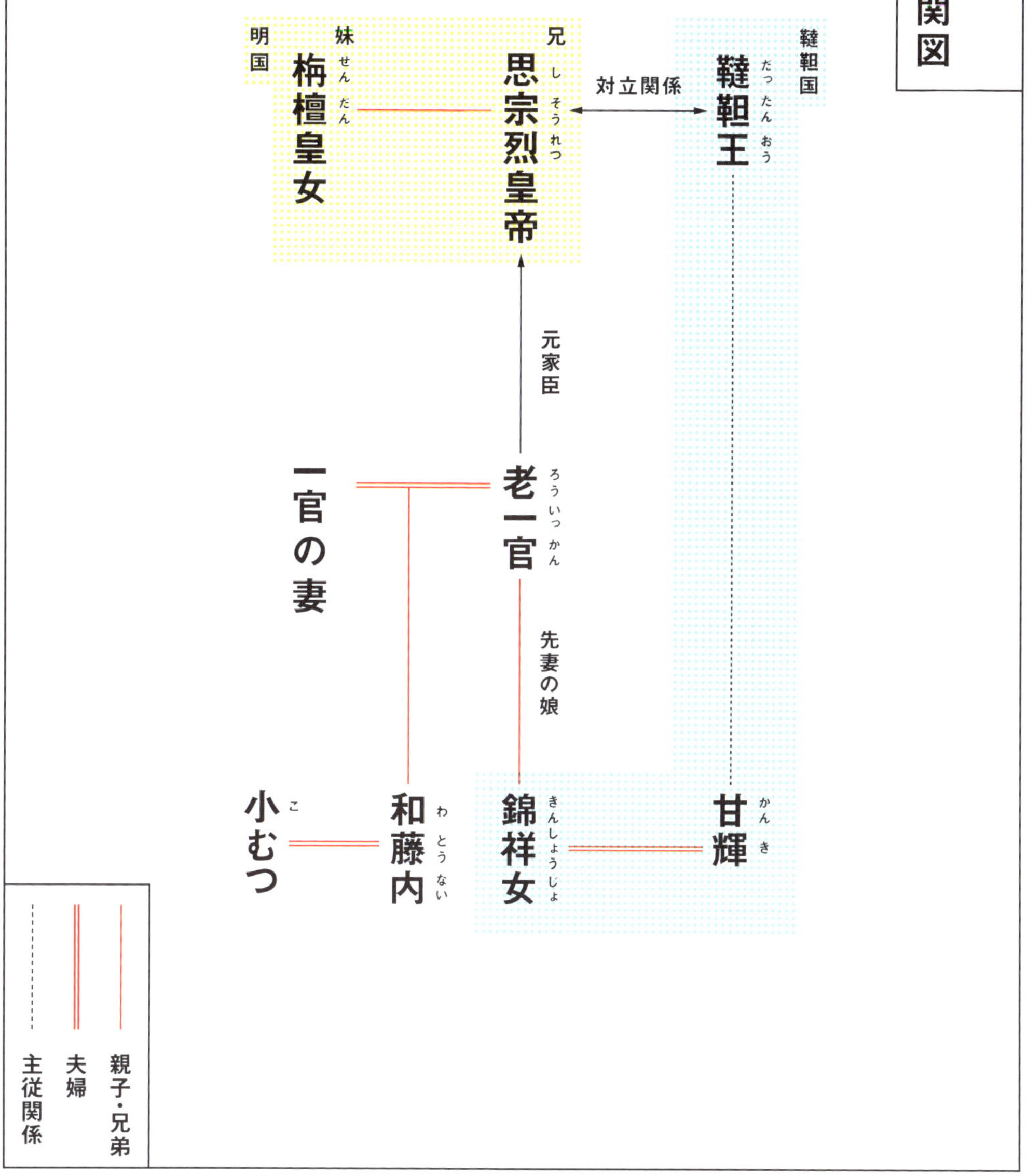

仮名手本忠臣蔵

かなでほんちゅうしんぐら

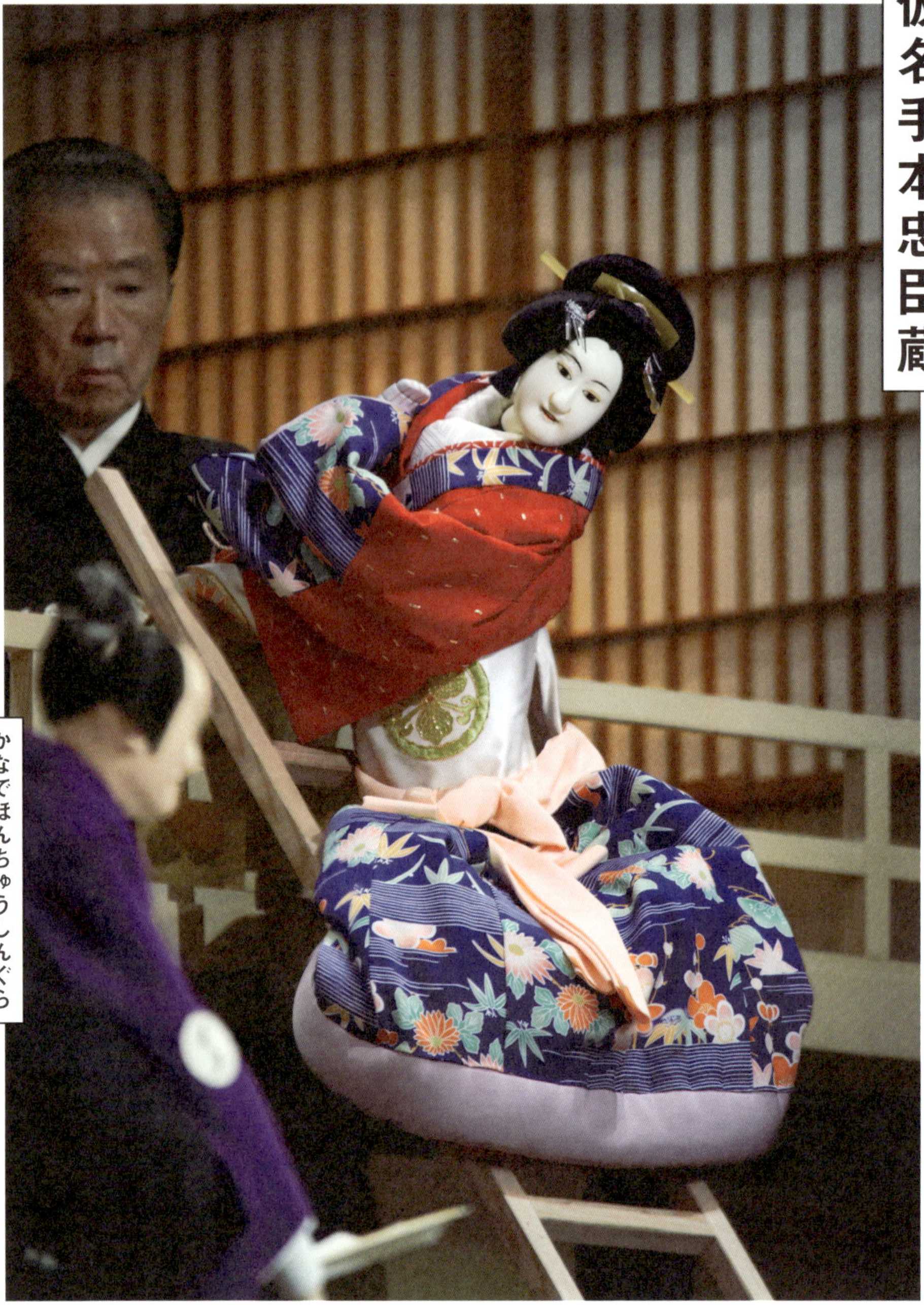

祇《ぎ》園《おん》一《いち》力《りき》茶《ちゃ》屋《や》の段より。塩谷判官の切腹後、赤穂浪士たちが敵討ちの機会を探るなか、リーダーの大星由良助は祇園でドンチャン騒ぎ。これは敵を欺く策略か自暴自棄か。ある夜、由良助に一通の手紙が届く。遊女おかるはそれを盗み見てしまう。

恋愛に夢中になると壮大なプロジェクトが台無しに

12月。年末進行のスケジュールに忘年会、得意先へのあいさつ回りと一年で最も忙しくなる1カ月。仕事納めに向けラストスパートをかけるこの時期はクリスマスデート、お歳暮、年賀状、年末ジャンボなど、仕事以外のイベントや行事、年の瀬ならではの風物詩も多くなる。なかには、「忠臣蔵《ちゅうしんぐら》」を思い浮かべる方もいるかもしれない。

忠臣蔵とは、江戸時代の赤穂《あこう》事件を描いた文楽の演目『仮《か》名手本忠臣蔵《なでほんちゅうしんぐら》』の通称。広く、赤穂事件を描いたさまざまな作品を忠臣蔵と呼ぶことが多い。主君の無念を晴らすため、47人の浪士たちが敵討ちを行うストーリーで、忠義心、自己犠牲の精神といった武士の美学が日本人の心に強く響いた。これまでも忠臣蔵を題材にした映画やドラマ、ドキュメンタリーなどが幾度となく制作され、後世のエンターテインメントに与えた影響は計り知れない。浪士たちが12月14日に討ち入りしたことから、年末になると必ずといっていいほどテレビで放送されてきたため、暮れの風物詩的存在にもなっている。

そんな文楽の名作『仮名手本忠臣蔵』の初演は1748年。赤穂事件が起きた47年後のことである。当時はいかなる表現であっても、幕府や武家などの支配階級を題材にすることは禁じられていた。見つかれば上演禁止に追い込まれてしまう。そこで、竹本座《たけもとざ》は赤穂事件の内容をそのまま舞台化するのではなく、『太平記《たいへいき》』の時代に置き換えて上演しようと考えた。『太平記』とは南北朝時代の動乱を描いた軍記物で、当時は庶民の誰もが知っている物語だった。忠臣蔵の主要人物、大石内蔵助《おおいしくらのすけ》を「大《おお》星由良助《ぼしゆらのすけ》」にするなど、赤穂事件の当事者たちの名を変え、幕府の目をかいくぐったのだ。

物語は室町時代。新田義貞《にったよしさだ》を討って京都に幕府を開いた足《あし》利尊氏《かがたかうじ》が、鎌倉に鶴岡八幡宮《つるがおかはちまんぐう》を造営する設定で始まる。その完成披露の席に、尊氏の弟である直義《ただよし》が派遣された。八幡宮で迎えるのは執事・高師直《こうのもろのお》をはじめ、接待役の塩谷判官《えんやはんがん》や桃井若狭助《もものいわかさのすけ》たち。直義によって尊氏の命令が伝えられる。それは、新田義貞が後醍醐天皇《ごだいごてんのう》より賜った兜《かぶと》を、八幡宮の宝蔵に納めよ、というもの。師直は奉納の必要はないのではと反対するが、若狭助は新田の残党を降参させる計略であろうと諭す。年下で身分の低い若狭助の反論に師直は激怒し、戦場に落ちていた多数の兜から探し出すのは不可能だと主張する。そこで呼び出されたのが塩谷判官の妻である顔世御前《かおよごぜん》。かつて後醍醐天皇に仕え、義貞に兜を与える役目を務めていたのだ。義貞の兜にたかれていた香木の香りを頼りに、顔世は見事に兜を特定する。

　直義、判官、若狭助が兜を奉納するため連れ立って宝蔵に向から。顔世もその場を立ち去ろうとしたとき、師直が顔世に恋文を渡す。顔世は無言で文を投げ返すが、権力を振りかざして口説き続ける好色な師直。夫の立場を思い苦悩する顔世だが、戻ってきた若狭助の機転で無事に帰路につく。

　その翌々日、直義の御殿では、諸大名を招いて盛大な宴が開かれることになっていた。師直に続いて、塩谷判官も家来の早《はや》野勘平《のかんぺい》を連れて登城した。そこへ顔世の腰元・おかるが現れる。おかるは顔世から師直に宛てた手紙を、判官の手で師直へ渡してもらうよう、勘平に託すために来たのだ。恋仲の勘平に会いたい一心で、使いを口実にやってきたおかる。2人はしばしの逢瀬を楽しむのだった。

　御殿の中では、師直が塩谷判官に登城の遅れを責めるが、顔世の手紙を受け取り上機嫌に。しかしその手紙は、師直の恋心を拒絶する内容だった。屈辱にまみれた師直は判官を執拗《しつよう》にののしる。最初は冷静にあしらっていた判官だったが、ついに堪忍袋の緒が切れ、殿中にも関わらず刀を抜いてしまう……。

　その後、判官は切腹し、塩谷家の家老である大星由良助が中心となり、敵討ちに向けてのストーリーが展開される。敵討ちの経緯をメインに語られることの多い『仮名手本忠臣蔵』だが、ここでは前半に注目したいポイントがある。塩谷判官が高師直を斬りつけたきっかけである。

　そもそも2人の間に特にこれといった遺恨はない。どちらかといえば、師直と若狭助の対立が描かれている（実際、若狭助が師直の殺害をたくらむ描写がある）。では何が引き金かというと、顔世御前の手紙である。師直の誘いをきっぱりと断る顔世の手紙。それが届けられたタイミングが最悪だった。実は、顔世は手紙を届けるタイミングを悩んでいた。公式行事である宴の最中では、師直が怒って何をするか分からない。適時に届けなければ、と。だが、そこへ登場するのが腰元のおかるである。おかるは勘平に一刻でも早く会って2人の時間を過ごしたい。そのため普通便でよかった手紙を、勝手に速達便で届けてしまった。つまり、おかるの恋心による衝動が招いた悲劇だったのだ。

　社会人の約半数近くが経験するといわれる職場での恋愛。ビジネスで築いた信頼関係が恋愛感情へと変化するのはごく自然なことかもしれない。ただ、恋愛に夢中になればなるほど、ときに仕事とプライベートの境目が曖昧になりがちだ。まして、おかるのように公私混同してしまうと、取り返しのつかないミスを犯す危険性も。感情の乱れはタイミングのずれ、チームワークの乱れを引き起こす。恋愛における情熱をコントロールする冷静さ、俯瞰《ふかん》の目も必要だ。現在、職場恋愛中という方々、クリスマスキャロルが流れる頃には、忠臣蔵そしておかるのことを思い出し、今一度気を引き締めてみてはいかがだろうか。

仮名手本忠臣蔵 主要人物相関図

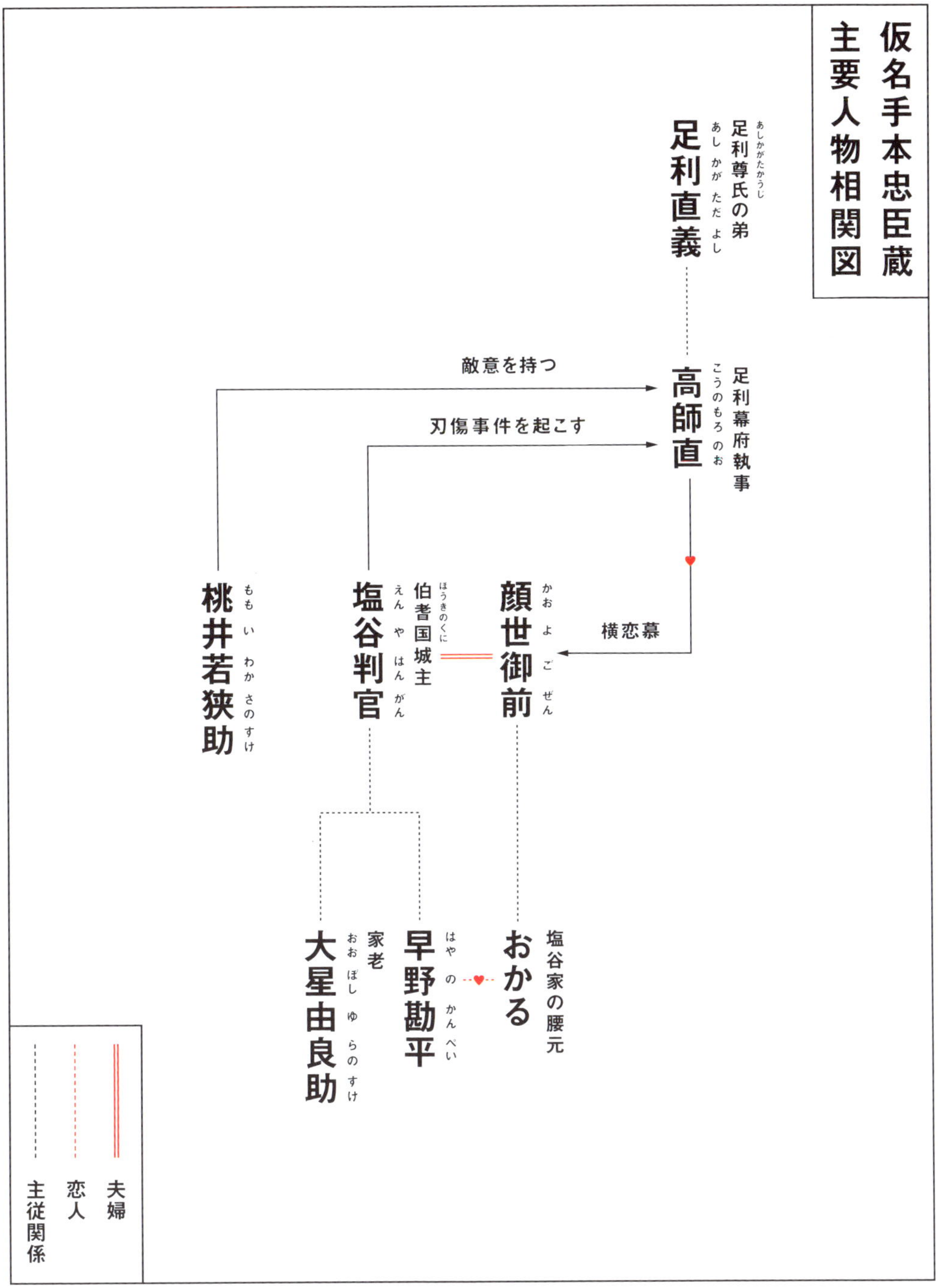

菅原伝授手習鑑

すがわらでんじゅてならいかがみ

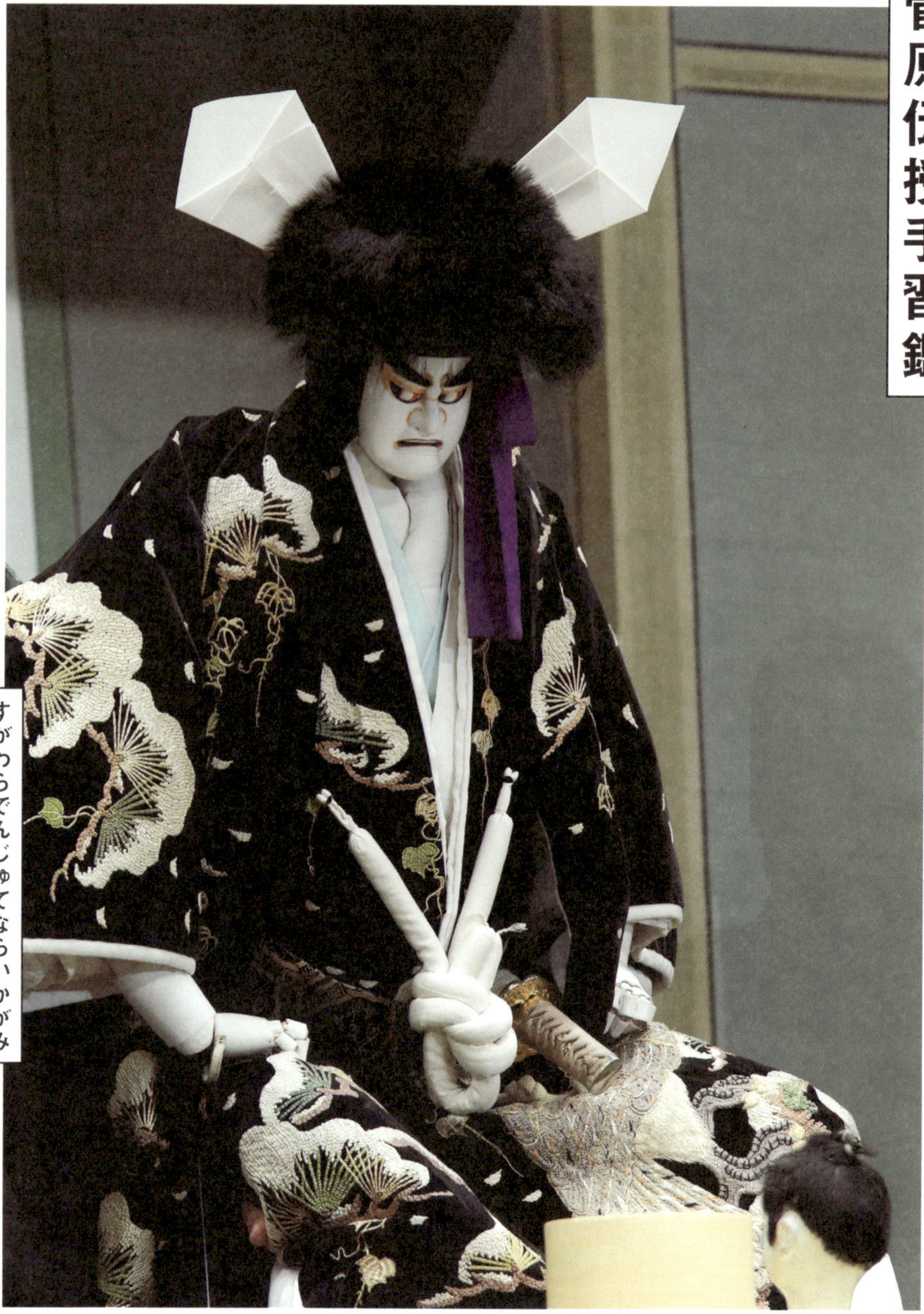

寺子屋《てらこや》の段より。藤原時平は出世の邪魔になる菅丞相を左遷し、その子・秀才の始末を命じた。秀才は寺子屋でかくまわれていたが居場所を突き止められ万事休す。首を討たれた。その首の真偽を確かめるべく時平の家臣・松王丸によって検分が行われる。

大人は黙って やれることを 全部やろう

『菅原伝授手習鑑《すがわらでんじゅてならいかがみ》』はその名の通り、平安時代の学者・政治家で、〝学問の神様〟と呼ばれる菅原道真《すがわらのみちざね》を扱った作品。当時、朝廷内でナンバー2の右大臣に就いていた菅丞相《かんしょうじょう》＝菅原道真が、左大臣の藤原時平《ふじわらのしへい》にあらぬ罪を着せられ、九州・大宰府《だざいふ》へ左遷される事件がベースになっている。

事件の発端は、菅丞相の養女・苅屋姫《かりやひめ》と帝の弟・斎世親王《ときよしんのう》の密会だった。2人が牛車《ぎっしゃ》（牛に引かせる公用車）の中で愛をささやき合っていたところ、突然、時平の一味が現れる。斎世親王に仕える牛飼舎人《うしかいとねり》（専属運転手）の桜丸《さくらまる》が一味を追い払っている間に、2人は牛車を抜け出し、駆け落ちしてしまったのだ。

そのころ、何も知らない菅丞相は、元家来の武部源蔵《たけべげんぞう》に自らの筆法を伝授していた。すると、朝廷からの呼び出しを受ける。娘の苅屋姫と斎世親王を結婚させて朝廷を牛耳ろうとした疑いをかけられたのだ。これは菅丞相の存在を疎む時平が仕組んだでっち上げだったが、菅丞相は流罪を言い渡されてしまう。菅丞相はこれを天命と潔く受け入れ、家来に一切の抵抗を禁止した。予期せぬ事態を察した家来は、家の断絶だけは避けなければと、内緒で菅丞相の子・菅秀《かんしゅう》才《さい》を連れ出し、武部源蔵夫婦のもとに預けたのだった。

武部源蔵は人里離れた寺子屋で子どもたちを集め、読み書きを教えている。その子どもたちの中に菅秀才を紛れ込ませていた。しかし、時平は源蔵がかくまっていることは承知のうえ。菅秀才の首をおとなしく渡せと迫ってくる。源蔵にとって菅丞相はかつての主君であり、不義理はできない。「誰か身代わりにできれば」と悩んでいた源蔵は、寺子屋の新入生である小太《こた》郎《ろう》に目をとめる。顔立ちのいい小太郎は菅秀才の身代わりに使えそうだ。とはいうものの、小太郎がふびんでならない。いくら忠義を尽くすためとはいえ、無関係の幼い子どもを犠牲にするとは……。宮仕えなどするものではないなぁ、と涙をこぼす。

源蔵は一か八か、身代わりに小太郎の首をはね、その首を差し出した。受け取りにやってくる時平の家来の中には松王丸《まつおうまる》がいた。松王丸は三つ子で、兄弟である梅王丸《うめおうまる》、桜丸は菅丞相に仕えるが、松王丸だけは時平に仕えていた。菅秀才の顔を知っている松王丸により、首が本物かどうかを確かめる首実検が行われる。周囲が固唾《かたず》を呑んで見守るなか、「菅秀才の首に間違いない」と松王丸は言い放つ。それを聞いた源蔵はほっと胸をなでおろした。

しかし、思いもよらぬ事実が明らかとなる。首を討たれた小太郎はなんと松王丸の子だった。松王丸が菅秀才の身代わりにするため、我が子を寺子屋に送り込んでいたのだ。たとえ今は時平に仕えていても、菅丞相に恩義を感じていた松王丸。自分の子を犠牲にしてでも菅丞相のご恩に報いたのである。

この作品には、ビジネスパーソンが直面するさまざまなピンチがある。ライバルのでっち上げによる左遷、企業存続の危機、それを救うために迫られる究極の選択……。「せまじきものは宮仕え」と源蔵が思わずこぼした一言に、共感する方も多いだろう。だがここで、令和のビジネスパーソンに学んでほしいのは松王丸の行動力だ。

松王丸は桜丸、梅王丸とともに三つ子に生まれ、菅丞相にその名をつけられた。兄弟を牛飼舎人にしてもらった恩義もある。敵方の藤原時平に仕えてきたが、菅秀才の命が狙われていることを知り、なんとしてでも助けようと考えた。そこで自分の子・小太郎を寺子屋に送るのだが、これは源蔵が菅秀才を助けるため身代わりを立てるに違いないと読んだうえでの行動なのだ。

首実検では目の前に置かれた我が子の首を見て、「菅秀才の首討ったは、紛いなし、相違なし」と断言する。「紛いなし」は源蔵に向かって「我が子をよくぞ討ってくれた」という賛辞として、「相違なし」は同行する味方を欺くための言葉だ。我が子を失った悲しみを押し殺し、自分の役目を全うする姿は胸に迫るものがある。

ライバル企業にいながら、最後は己の正義を貫いた松王丸の精神力。源蔵の行動を想定して先手を打った先読み力。そして、最後までやり遂げる行動力が卓越している。予算や人手の不足、上司との相性など、「○○だったらいいのに」と境遇を言い訳にしてしまうことは少なくない。だが、ないものねだりで嘆いていても始まらない。与えられた条件の中でベストな方法を模索し、自分のできる仕事を粛々と進めるほかないのだ。

この『菅原伝授手習鑑』は1746年8月に竹本座《たけもとざ》で初演されたが、誕生の背景には、ある時事ネタが関係している。大《おお》阪天満宮《さかてんまんぐう》のお膝元である天満《てんま》の町で、三つ子が生まれた。三つ子が生まれること自体は珍しくはないが、当時は健康状態などで全員が成人できるというわけではなかった。そこで、この三つ子が成人したら、京都の朝廷で仕事を与えよう、そんな取り決めがニュースになった。それが梅王丸・松王丸・桜丸という設定の由来になったといわれている。

天神祭《てんじんまつり》の日、作者の竹田出《たけだい》雲《ずも》、三好松洛《みよししょうらく》、並木千柳《なみきせんりゅう》が船上で酒を飲みながら、次回作の会議をしている。「最近三つ子が生まれたらしいぞ」「それって芝居にできないかな」「今日は天神さんだし、道真公と絡めようか」。そんなノリで企画が生まれたとかそうでないとか。あくまで都市伝説だが、誰もが知る菅原道真の大宰府左遷事件に、話題性のある時事ネタを盛り込んで、まったく新しい名作をつくる。こういった軽やかな発想力も、ビジネスパーソンとしては見習うところかもしれない。

菅原伝授手習鑑 主要人物相関図

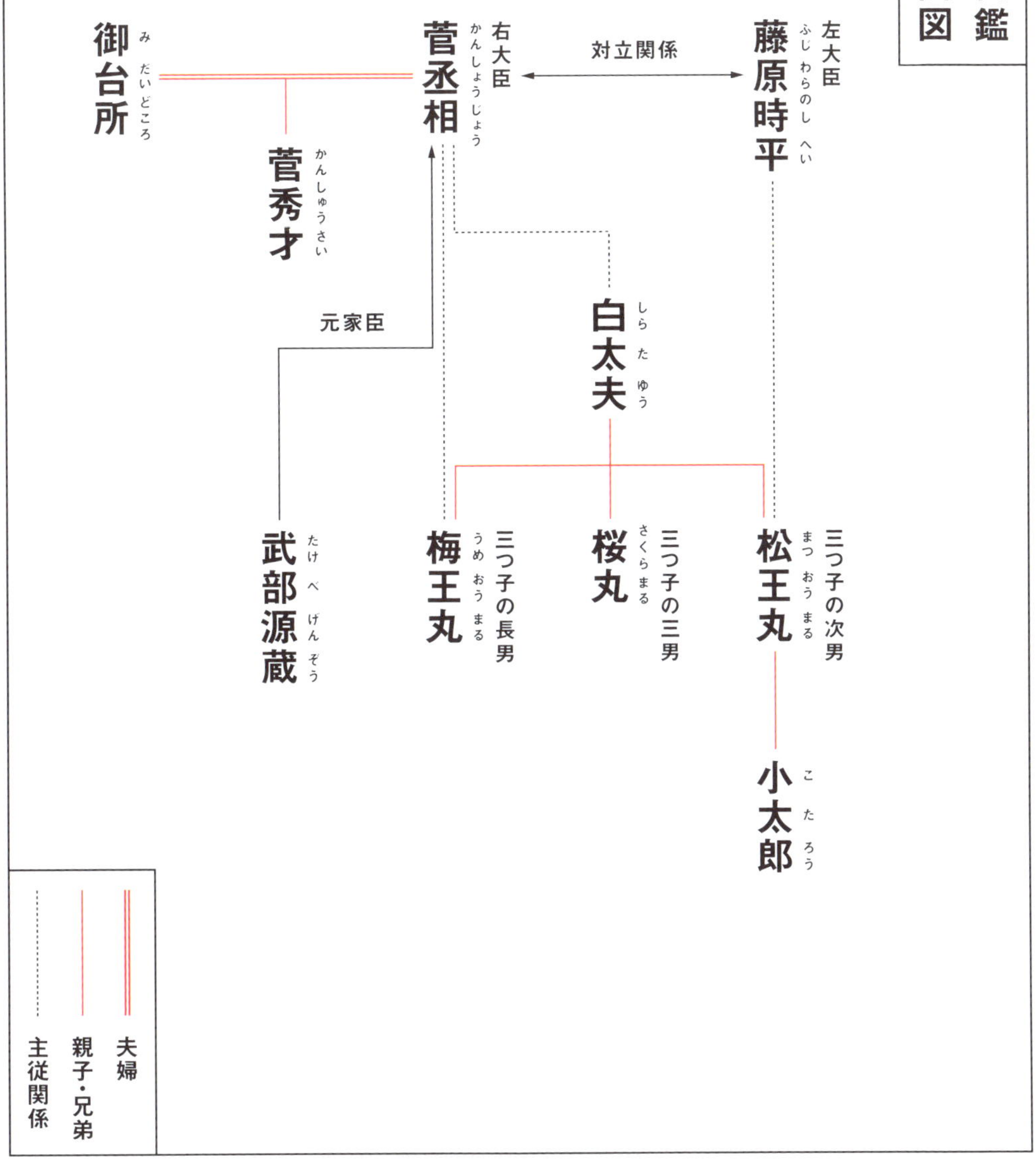

義経千本桜《よしつねせんぼんざくら》

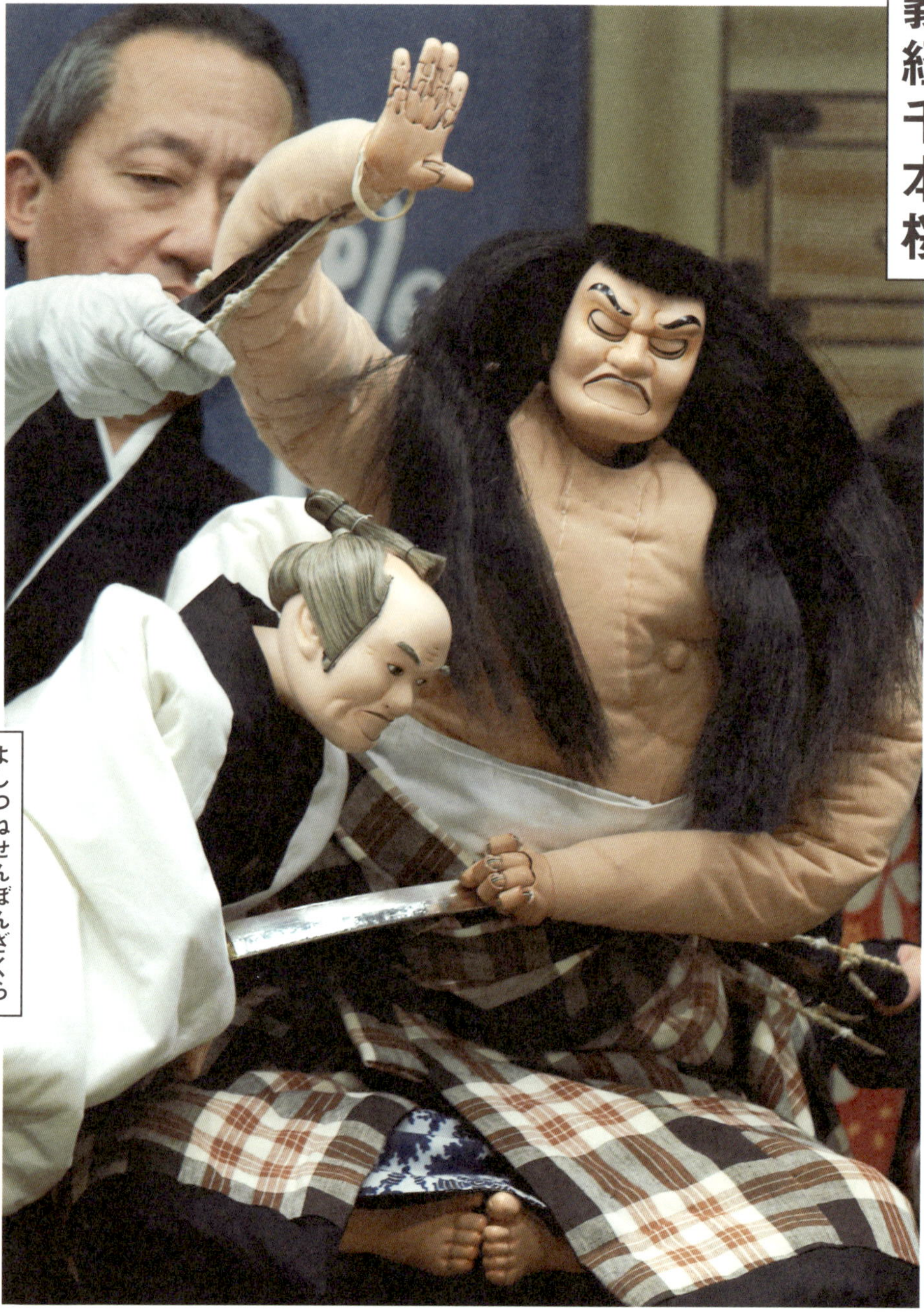

すしやの段より。鮓屋の主人・弥左衛門は平家の残党である維盛をかくまい、追手が来たときのために維盛の偽首まで用意していた。しかし親不孝者の息子・権太は褒美に目がくらみ維盛を討ったという。これに弥左衛門は堪忍ならず息子を刺すのだった。

出世街道を外れても会社の一大事を救えるかもしれない

坂本龍馬《さかもとりょうま》が幕末の風雲児として愛され、大河ドラマや歴史コメディーの題材になるように、江戸時代の人々が好んだのは牛《うし》若丸《わかまる》こと源義経《みなもとのよしつね》だ。源平《げんぺい》の合戦で平家《へいけ》を討ちながらも、兄・頼朝《よりとも》に憎まれ、追われる身となる義経。31歳という若さでの悲劇的な最期に人々は同情し、九《く》郎判官義経《ろうほうがんよしつね》の名から「判官贔《ほうがんびい》屓《き》」という言葉が生まれたほど。

色白の美男子に描かれた義経の錦絵は数多くあり、文楽や歌舞伎でも繰り返し題材にされた。『菅原伝授手習鑑《すがわらでんじゅてならいかがみ》』『仮名手《かなで》本忠臣蔵《ほんちゅうしんぐら》』と並び、三大名作と称される『義経千本桜《よしつねせんぼんざくら》』も〝義経物〟の一つ。源頼朝に追われ、正妻を失い、愛人とも別れて西国へ逃げようとする義経。そこに合戦の中で命を落としたと思われていた平知盛《たいらのとももり》、教経《のりつね》、維盛《これもり》が「実は生きていた」という設定で、義経を狙う。史実を知る観客にとってはパラレルワールドに迷い込むような画期的なストーリーだ。何度も題材にされる英雄伝は、大胆な筋書きや脚色がヒットの鍵になるが、もう一つ、他の義経物にはないオリジナルがある。三段目「すしやの段」だ。

元来、三段目というのは五段形式の中で一番重要な場面にあたる。しかし『義経千本桜』のすしやの段には源義経はおろか、愛人の静御前《しずかごぜん》も出てこず、吉野《よしの》の千本桜の景色もない。それでもこの段は頻繁に上演され、大変な人気を誇っている。

舞台は、奈良・吉野の釣瓶鮓《つるべすし》屋《や》。そこには源平の合戦で行方不明となった平維盛が「弥助《やすけ》」と名を変えてかくまわれていた。鮓屋の主人・弥左衛門《やざえもん》の家では、今晩、弥助と晴れて夫婦となる娘のお里《さと》が、父の帰りを待ちわびている。そこへ兄のいがみの権太《ごんた》がやってくる。権太は親に金の無心ばかりする不良息子で、今は勘当同然。また「年貢《ねんぐ》を盗まれた」と嘘を言い母に金をせびる始末。仕方なく内緒で金をやったとき、ちょうど弥左衛門が戻ってきた。慌てた権太は金を鮓の空桶に入れ、奥に隠れる。

弥左衛門は、なにやら羽織に包んだ荷物を空桶に隠し、神妙な面持ちで弥助に語り始めた。弥左衛門は平重盛《たいらのしげもり》に命を助けられた恩があり、弥助（実は重盛の子・維盛）をかくまっていたのだと。さらに鎌倉から梶原《かじわら》平三景時《へいぞうかげとき》が詮議に来るので逃げるように諭す。そこへ一晩泊めてほしいと乞う女の声。それは維盛の妻だった。道中で家来が討たれたため、息子とともに助けを求めにきたのである。思わぬ夫との再会を喜ぶも、ふと寝所にいるお里に気づき、いぶかしがる妻。「自分をかくまってくれた礼に、お里の恋心を受け入れたのだ」と維盛は言う。それを聞いたお里は、「維盛様だと分かっていれば、身分違いの恋はしなかった」と涙しつつ、維盛一家を逃すのだった。

　奥で様子をうかがっていた権太。維盛を捕らえれば褒美がもらえると、金を隠していた鮓桶を抱えて走り出す。そうこうするうち、早くも梶原平三景時が到着してしまう。弥左衛門がなんとか時間稼ぎをしていると、そこへ権太が現れる。手には桶、そして縄をかけた維盛の妻子を引き連れている。なんと維盛を討ち取ったというのだ。さっそく梶原が桶に入った首を検分すると、情報通りの町人風体。確かに維盛の首と認めた梶原は、源頼朝の羽織を褒美の引き換えの印として権太に与え、維盛の妻子を引き連れていくのだった。

　弥左衛門は怒り心頭。維盛を助けるため、空桶に身代わりの首まで用意していたのだ。それなのに、褒美に目がくらんだ愚かな息子。怒りのあまり、弥左衛門は権太の脇腹を刺す。すると、驚くべき権太の本心が明かされる。権太がつかんで出た鮓桶には、金ではなく首が入っていた。弥左衛門が隠していた偽首だ。そこで事情を悟った権太は、今こそ改心する機会と思い、首を維盛と偽った。さらに自分の妻・小《こ》せんと息子の善太《ぜんた》を維盛の妻子に仕立て上げ、縄をかけたのだという。2人に縄をかけたときの血を吐くようなつらさを語る権太。父・弥左衛門との和解を願いながら、無念のうちに息を引き取るのだった。

　権太は、困った人や乱暴者を表す関西弁「ごんたくれ」の由来とされている。根っからの悪人ではなく、小悪党、悪ガキといった風情である。また、この物語のモデルになった釣瓶鮓屋では、当主は代々「弥助」の名を継いでいる。つまり、維盛が名乗っていた弥助は、お里と結婚して店を継ぐことを意味する大切な名前なのだ。長男の権太がいるにも関わらず、弥左衛門は維盛に弥助を名乗らせていた。

　そんな勘当同然の放蕩《ほうとう》息子が親の窮地を救うヒーローになれた。シチュエーションを家庭から職場へ変えれば、権太は王道の出世コースから外れた社員だ。上司からダメ社員の烙印《らくいん》を押され、半ばヤケになっている。だが、権太は腐りきっていなかった。鮓桶に入った首を見て、機転を利かせ、弥左衛門や維盛一家を救った。アンテナを張り巡らせておけば、権太のように思わぬところで活躍できるかもしれないのだ。そして自分がやりたかったこと、やり残したことをやれるタイミングがくるかもしれない。

　仕事をしている限り、誰かから評価をされることは避けられない。だが、いくら他人から「ダメなやつ」というレッテルを貼られても、自分自身を諦めてしまってはいけない。その評価は、単純な不運の積み重ねや、企業内でしか通用しないローカルな判断基準かもしれない。適材適所という言葉があるように、今いる場所、与えられた評価がすべてではないのだ。転職やパラレルキャリアが一般的になりつつある今、自分という人間を最大限生かせているか。そんな疑問を時々は投げかけてみたい。

義経千本桜 主要人物相関図

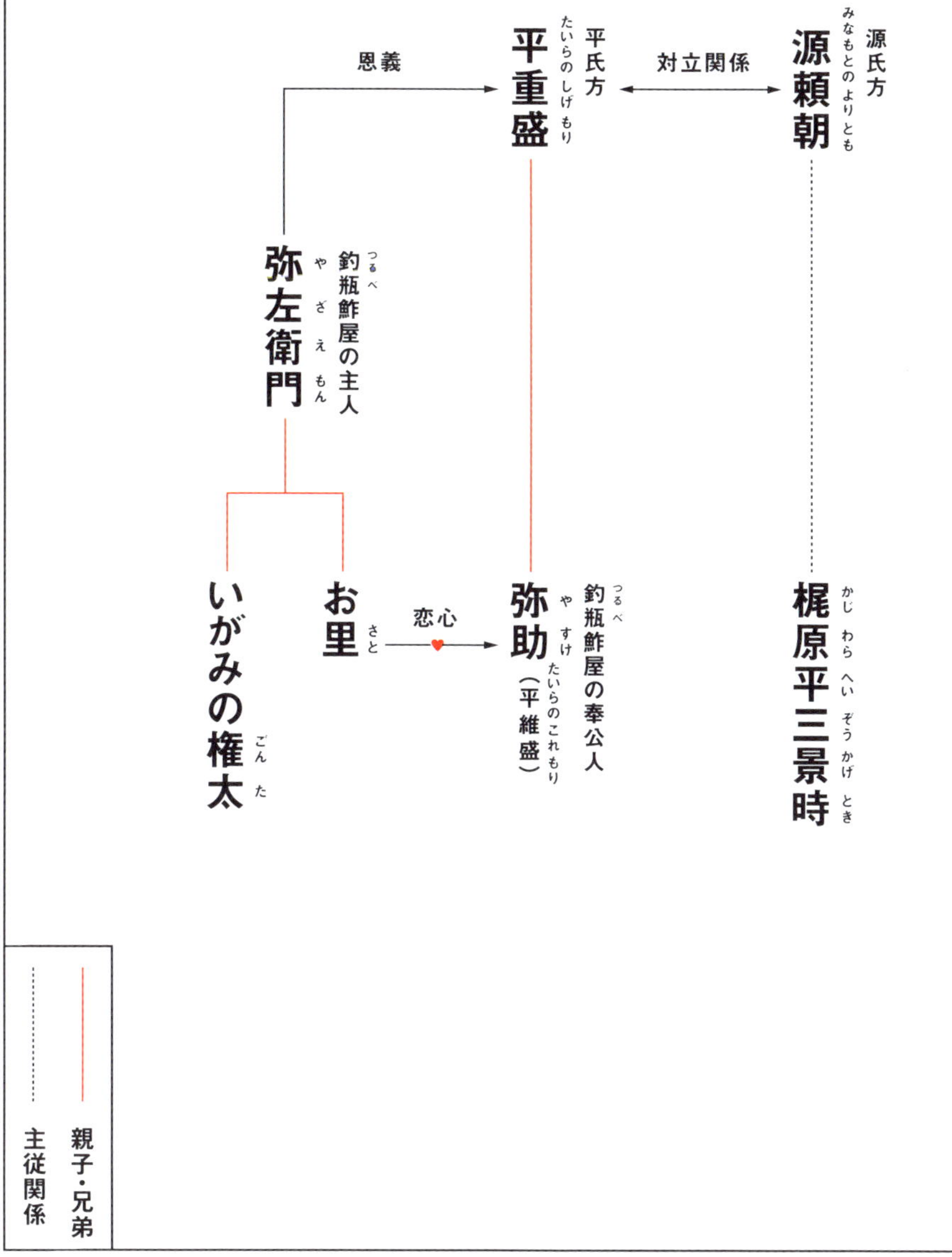

基礎知識をクイックチャージ①

文楽は天ぷらうどんである

あちこちから立ちのぼる湯気に、麺を豪快にすする音。客は最後の一滴を飲み干すや否や、代金を置いて「ごちそうさん」と出て行く。大阪の街でよく見かける、うどん屋の光景だ。大阪の人々にとってソウルフードともいえるうどん。花形はやはり天ぷらうどんだろう。だしの香りと、うどんの喉ごし。カリッと揚がった海老天はそのまま頬張っても、だしを吸わせてもいい。

「文楽は天ぷらうどんである」。大阪で生まれ育った竹本織太夫はこう表現する。太夫《たゆう》、三味線、人《にん》形遣《ぎょうつか》い。三つの技がせめぎ合いながら一つになるのが文楽の舞台だからである。

客席の上手（右）に「床《ゆか》」と呼ばれる場所があり、回転盆にのった太夫と三味線弾きが登場する。舞台袖で黒衣《くろご》が拍子木《ひょうしぎ》を打ち、「とぉーざい（東西）……」と口上を述べると、太夫が祈るように床本《ゆかほん》（台本）を頭上に掲げる。芝居の始まりだ。

文楽の舞台で声を発するのは太夫のみ。つまり、太夫がすべての鍵を握る、主役のうどんである。義太夫節《ぎだゆうぶし》という抑揚のある語り口で、登場人物のセリフ、場面の描写や状況説明のナレーションまでを一人で、情感たっぷりに語り分け、物語を展開していく。それを支える三味線は、太夫の語りと表裏一体になって、情景や登場人物の心情を音色で表現し、舞台の世界観を確立する。香りで食欲をそそり、味わい深くうどんと絡むだしのような存在だ。そして、人形遣いは、太夫の語りと三味線の音色に合わせて、舞台を華やかに彩る天ぷら。足元が見えないように作られた舞台で、一体の人形を3人で操る。3人のうち、人形の首《かしら》（顔の部分）と右手を操る「主遣《おもづか》い」という役割がリーダーである。主遣いは左手を操る「左遣《ひだりづか》い」、足を操る「足遣《あしづか》い」に体の微妙な動きなどで合図を送る。3人の呼吸をピタッと合わせ、人形に命を吹き込むのだ。

太夫、三味線、人形遣い。それぞれの鍛錬された技がぶつかり、高め合い、調和することで、物語の世界はより深いものになる。どれが欠けても完成しない。文楽は、大阪で生まれた最高にうまい天ぷらうどんなのだ。

イラスト／マメイケダ

絵本太功記

えほんたいこうき

尼ヶ崎の段より。暴君・尾田春長を討ち、英雄となった武智光秀だったが、その謀反がきっかけとなり母と子を失ってしまう。敵討ちの標的となり、真柴久吉の軍勢も攻め寄せてくる絶体絶命のピンチに、光秀は腹を決め、久吉との戦に応じる。

パワハラ上司には冷静に対応しましょう

パワハラやセクハラなど、職場における嫌がらせに「ハラスメント」という概念が一般化してきた。この言葉が取り沙汰されるようになった数年前までは、「部下いびり」や「職場いじめ」、もしくはそれを美化したような「スパルタ教育」、「しごき」といった呼び方をされてきた。指導とハラスメントの境目が曖昧だったからだ。ハラスメントの意識が浸透してきた現在、さまざまな対策が講じられつつある。社内での周知・啓発、相談窓口の設置や研修など、防止対策を行い、被害者が声を上げやすい環境をつくるよう努力している企業も多いだろう。しかし、完全なる縦社会だった武士の世ではそうはいかない。

1799年に初演された『絵《え》本太功記《ほんたいこうき》』には、パワハラ被害に苦しんだ一人の武士が登場する。武智光秀《たけちみつひで》（明智《あけち》光秀）である。主君・織田信長《おだのぶなが》を本能寺《ほんのうじ》の変で討った謀反《むほん》人として知られる明智光秀だが、演目では信長から執拗《しつよう》なパワハラを受ける様子が描かれているのだ。『絵本太功記』は、豊臣秀吉《とよとみひでよし》の出世の裏で苦汁をなめた光秀の日々を6月1日から13日まで、一日を一段とした十三段で展開する。

武智光秀は温厚で、分別のある部下だった。しかし、天下統一を目前にした尾田春長《おだはるなが》（織田信長）はちょっとしたことで日《にち》蓮宗《れんしゅう》の僧を粛清しようとするなど、仏教を迫害。短気で無情な春長を、世間は安土《あづち》の鬼、仏敵などと呼んでいる。これがいずれ春長の命取りになるのでは。そう案じている光秀は、主君の暴挙をいさめるが、春長は激怒。真柴久吉《ましばひさよし》（豊臣秀吉）ら家臣が見ている前で光秀を暴行する。

6月1日。春長の息子・春忠《はるただ》に位が授けられることになった。場所は京都二条《にじょう》の御所。接待役は光秀と蘭丸《らんまる》だ。光秀の息子・十次郎《じゅうじろう》もお膳を運んでいる。そこへ蘭丸が言いがかりをつけてきた。蘭丸は春長の家臣で、光秀の忠誠心を探れと命じられたのだ。もとは浪人であったことなどを言い立て、光秀をののしる蘭丸。腹に据えかねた光秀が蘭丸に詰め寄ると、春長が光秀の襟首をつかんでねじ伏せ、蘭丸に、光秀の顔を打てと命令する。鉄扇で眉間を割られる光秀。しかし光秀は、なおも春長をたしなめる言葉を口にする。逆上した春長は、光秀親子を館から追い出してしまう。

京都千本通《せんぼんどおり》にある光秀の屋敷。妻の操《みさお》と家臣たちが、光秀が無事に接待役を務められるよう祈って待っていた。すると眉間に傷を負った光秀と十次郎が帰る。今すぐ蘭丸を討とうと騒ぐ家臣を光秀は制する。春長への忠誠心は厚く、命令に従っただけの蘭丸に恨みはないと言うのだった。ところが、春長の使者がやってくる。中国地方にいる真柴久吉の援軍へ出陣せよとの命。そして名ばかりの領地替え。つまり、事実上の左遷と財産没収である。あまりの仕打ちに、ついに光秀は謀反の決意を固めるのだった。

6月10日、本能寺の変から8日後のこと。光秀の母・さつきは兵庫尼ヶ崎《あまがさき》に一人わびしく住んでいた。主君を殺すという不義を働いた息子を許せず、光秀のもとを去ったのだ。そこへ旅の僧が一夜の宿を乞いにやってきた。さつきは迎え入れ、風呂を沸かして僧に勧めた。すると、僧が風呂に入るや否や、陰に隠れていた光秀が家に押し入り、風呂場めがけて竹やりを突き刺した。光秀はこの僧こそが春長の敵討ちをもくろむ真柴久吉に違いないと、尾行していたのだ。しかし、ギャァ～と叫び声を上げて風呂場から転がり出たのはなんと母のさつき。さつきは光秀が外から様子をうかがっていることに気づいていたのだった。我が子に主君を殺した罪の深さを思い知らせるために、わざと自分が犠牲になったのである。

さらにそこへ、戦で負傷した息子の十次郎が虫の息で戻ってくる。もはや目も見えない瀕死《ひんし》状態ながら、父の身を案じ退却を促す十次郎。暴君春長を討ったのは天下のため、と己の正義を信じていた光秀だが、とうとう涙をこらえることができず、泣き伏せるのだった。

春長のパワハラはひどいものである。他の家臣の前で暴行し、息子の目の前で人間性を否定した。それでも光秀は、主君に忠誠を誓い、耐えに耐えた結果、左遷と財産没収である。武士の社会では、パワハラを止める手段はない。それこそ命懸けで立ち向かうか逃げるかしかない。だから光秀は謀反を選んだ。しかしそのせいで、母と息子まで失ってしまう。光秀の謀反は失敗だったのである。それは久吉に敗れたからという意味での失敗ではない。パワハラへの対策という側面で大いに失敗なのである。つまり、パワハラから逃れるための謀反だが、結果的に本人も家族も誰一人として幸せになっていないからだ。

光秀の失敗から学ぶべきは、我慢はもはや美徳ではないということ。我慢に我慢を重ねた光秀だが、春長の悪行はエスカレートするばかりだった。当然だ。パワハラをするような人物が、耐え忍ぶ相手に同情したり反省したりすることはまずないだろう。加虐心をあおるばかりである。では、現代に生きる我々はパワハラにどう対処すればいいのか。

一番大事なのは、さまざまな選択肢があるということを忘れないことだ。職場での時間や人間関係は生活の大半を占める。そのため、そこで否定されてしまった場合、過去も未来も自分という人間を否定された気になってしまう。しかし、今いる場所がすべてではない。俯瞰《ふかん》する目を持てば、選択肢は見えてくる。実態を記録して窓口や人事に相談する、異動希望を出す、転職する……。幸い、現代には命懸けの下克上も切腹もない。光秀を思えば、一歩踏み出す勇気が湧いてくるはずだ。

絵本太功記 主要人物相関図

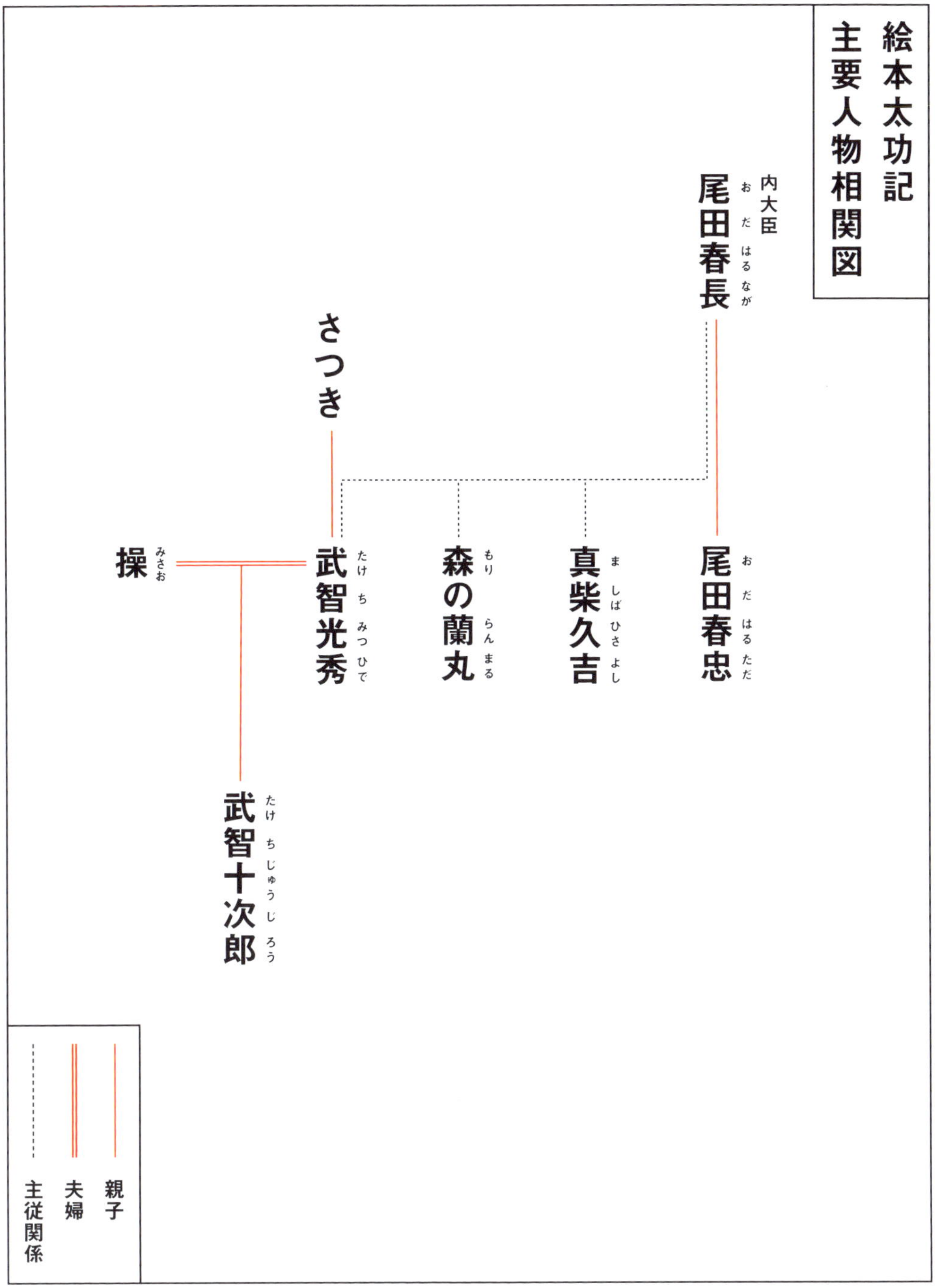

ひらかな盛衰記

ひらがなせいすいき

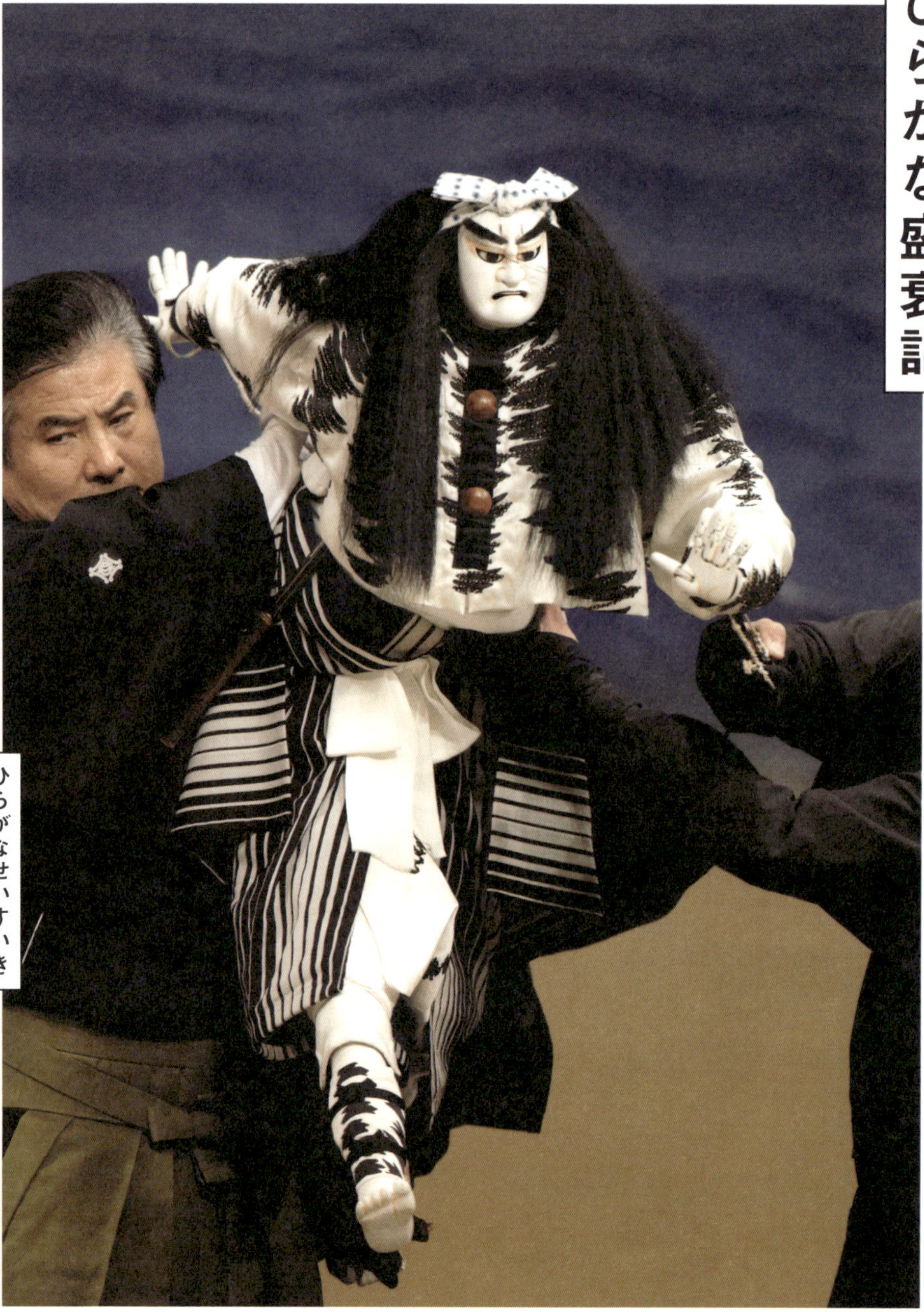

逆櫓《さかろ》の段より。木曽義仲に仕える四天王の一人、樋口次郎兼光は主君の敵を討つために、船頭の家の婿養子になった。名を松右衛門と改め、いつの日か義経の船に紛れ込むため、必死に操船技術を習得したが、義経側に正体がばれてしまいお縄にかかる。

謝罪の技術で味方を増やそう

『ひらかな盛衰記《せいすいき》』は、源 義《みなもとのよし》経《つね》が木曽義仲《きそよしなか》を討ってから一《いち》ノ谷《たに》の戦いまでを描いた演目。源《げん》氏《じ》と平家《へいけ》の戦いを描いた『源平《げんぺい》盛 衰記《じょうすいき》』を誰にでも分かる〝ひらがな〟のようにくだけた内容にした物語である。大筋は2本立て。源氏の武将・梶原景時《かじわらかげとき》一家の騒動では、イケメンの梶原源太景季《げんだかげすえ》が先陣争いに敗れ、勘当の身に。落ちぶれるも恋人・千鳥《ちどり》が必死に養っていくという恋愛ドラマ。もう一つは、義経に滅ぼされた木曽義仲の遺児と忠臣たちのストーリー。ラブコメ色の強い前者も魅力だが、武士の生きざまを描いた後者から、ビジネスパーソンに必要な「謝罪力」について学んでみよう。

義経率いる鎌倉勢との戦いで木曽義仲は戦死。追われる身となった妻の山吹御前《やまぶきごぜん》は、息子・駒若君《こまわかぎみ》と腰元のお筆《ふで》、その父とともに、故郷の木曽に向かっていた。大津まで来た一行は、旅疲れのため清水屋《しみずや》という宿に泊まることに。駒若君がぐずって泣いていると、隣座敷のおやじがみやげに買った大津絵《おおつえ》をくれた。摂津《せっつ》の船頭で、娘と孫と泊まっているという。互いに打ち解け、おやじの孫の父は3年前に亡くなったこと、それで西国巡礼をしていることなどを聞く。

その夜、仲良くなった2部屋の子どもたちが廊下で遊んでいると、突然行灯《あんどん》の火が消えた。泣き出す子ども、戸惑い騒ぐ人々。源氏の手先が大勢踏み込んできたのだ。お筆は駒若君と山吹御前を助けて、裏の藪へ逃れるが、追っ手と戦ううちに父が討たれ、駒若君の首もはねられてしまう。悲しみ嘆くお筆と山吹御前は、暗闇の中で駒若君の亡骸《なきがら》を撫でる。すると、巡礼の際に身につける衣、笈摺《おいずり》が着せられていた。隣部屋の子どもと取り違えたのである。駒若君は生きていると喜ぶ2人だが、病疲れの山吹御前は息を引き取ってしまう。まだ敵に取り囲まれているなか、駒若君を探すことはできない。せめて山吹御前を埋葬しようと、お筆は亡骸を笹に載せて運ぶのだった。

摂津の国、福島の港町に権四《ごんし》郎《ろう》の家がある。娘と孫の槌松《つちまつ》を連れて清水屋に泊まった船頭だ。近頃迎えた婿に、松右衛門《まつえもん》という通り名を譲っている。2カ月ほど前、なぜか宿で孫を取り違えられたため、男の子を大切に預かりながら、槌松が戻ってくるのを待ち焦がれている。

ある日、笈摺を頼りにお筆が訪ねてきた。しかしお筆が言うのは、「槌松は騒動の最中に殺された。こちらで預かってもらっている子どもを返してほしい」という内容。権四郎は激怒し、首にして渡してやる、と息巻く。すると、奥の間から婿の松右衛門が駒若君を抱いて現れた。「これこそ朝日《あさひ》将軍義仲公の御公達駒若君。かく申す我こそは樋口次郎兼光《ひぐちのじろうかねみつ》」。実は松右衛門は、木曽義仲の重臣、樋口次郎兼光だったのである。主君である義仲の敵討ちのため、船頭となって義経を討つ機会を狙っていたのだと語る松右衛門。そして、血のつながりがないとはいえ我が子となった槌松が、若君の身代わりとなり忠義を立てたことは幸い、それも誰ゆえ親父さまが自分を婿養子にし、槌松が義理の子になったという御厚恩、と感謝を示す。これに権四郎も「侍を子に持てば俺も侍」と武士の道義を受け入れるのだった。

ミスやトラブル、クレームなど、ビジネスで謝罪を避けることはできない。もちろん誠心誠意、気持ちを伝えることが重要ではあるが、それが相手に伝わらなければ意味がない。謝罪にも技術が必要だというのは、ビジネスパーソンなら痛感していることだろう。『ひらかな盛衰記』には、お筆と松右衛門の言葉に、学ぶべきテクニックが散りばめられている。相手の怒りを理解と共感に変え、ピンチをチャンスにする。そのためにどんなポイントがあるのだろうか。

権四郎のもとをお筆が訪ねる場面から。お筆は槌松が殺されてしまったことを伝え、駒若君を返してもらいたい。権四郎に悪い知らせを伝えなければならないのだ。そこでお筆は、まず槌松が殺されたことを話した。主観や言い訳を付け加えず、事実のみを簡潔に伝えている。これは、上司やクライアントにバッドニュースを伝える際押さえておきたい点だ。最初に結果を報告してから経緯を話す。言い訳や説明がまわりくどいと相手の時間を奪ううえ、余計な怒りを買いかねない。報告の後、自分の意見や要望を明確にするのだ。

だがお筆は過ちを犯す。自分の使命を全うすることだけを考え、槌松のことは諦めて預かった子を返してくれれば供養になると言ったのだ。権四郎は激高《げっこう》する。遺族の感情を逆撫でするようなことを言ったのだから当然だ。ここで登場するのが松右衛門である。「我こそは樋口次郎兼光」と自身の正体を明かし、この家の婿になるまでの経緯、主君の敵を討ちたいと苦しい胸の内を語る松右衛門。自己開示である。自分をさらけ出すことで相手との距離を縮め、信頼関係を築く有効的な方法だ。そして槌松を「我が子」と言う。身内を失った権四郎の悲しみに、共通点と共感を示している。最後に「それも誰ゆえ親父さまの御厚恩」と感謝を述べるのだ。自身の苦悩を明かしたうえで権四郎の痛みに寄り添い、真摯に願い出た松右衛門。その結果、権四郎は「侍を子に持てば俺も侍」と、松右衛門を受け入れ、究極の共感を表しているのだ。

お筆の言葉で権四郎は憤怒した。権四郎の怒りが頂点に達したとき、松右衛門がそれを正面から受け止めたのである。図らずも、松右衛門の登場が絶妙のタイミングとなったのだ。

謝罪は難しい。だが、コミュニケーションの取り方によって謝罪相手が一番の味方になることもあるのだ。

ひらかな盛衰記 主要人物相関図

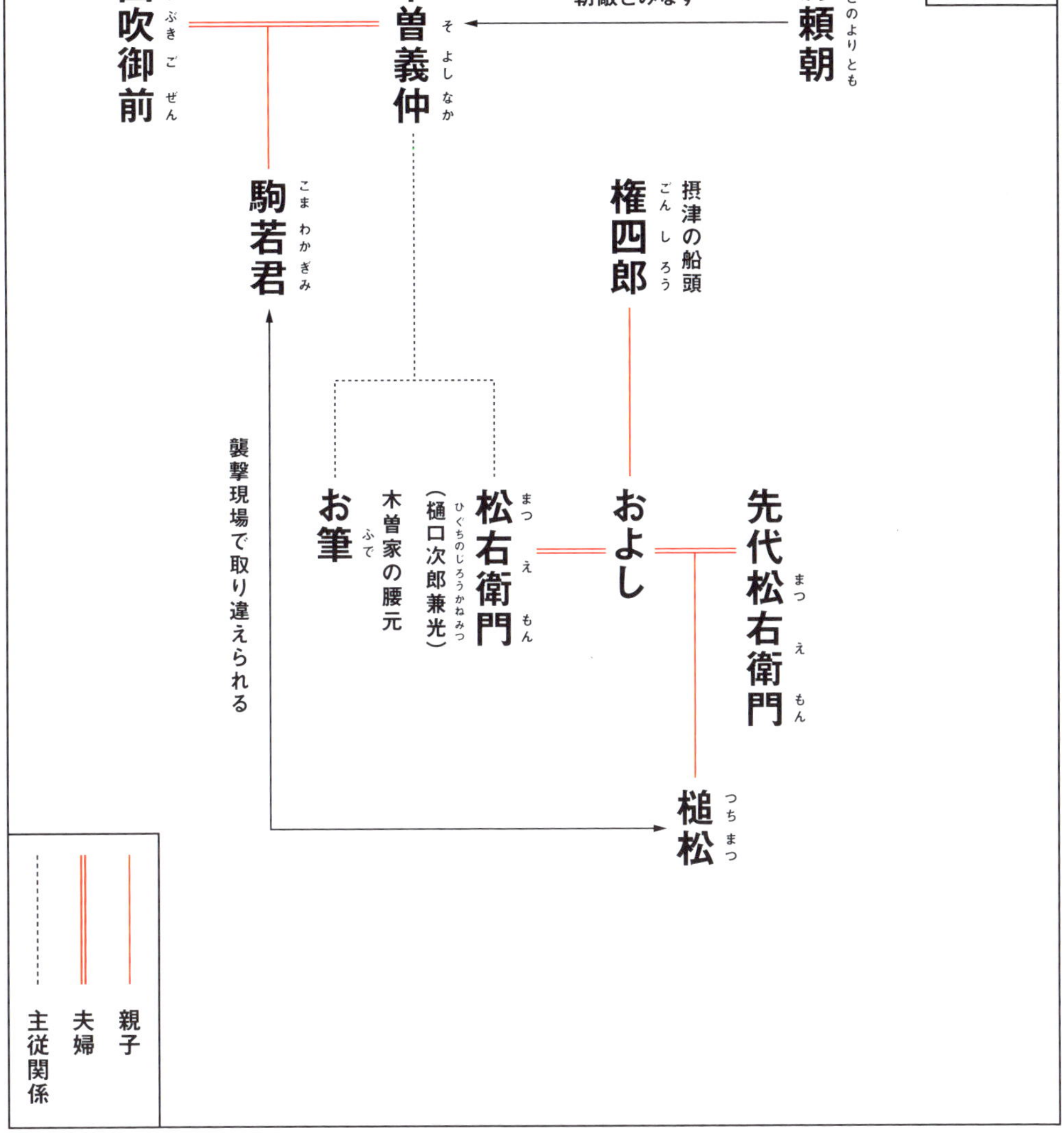

本朝廿四孝

ほんちょうにじゅうしこう

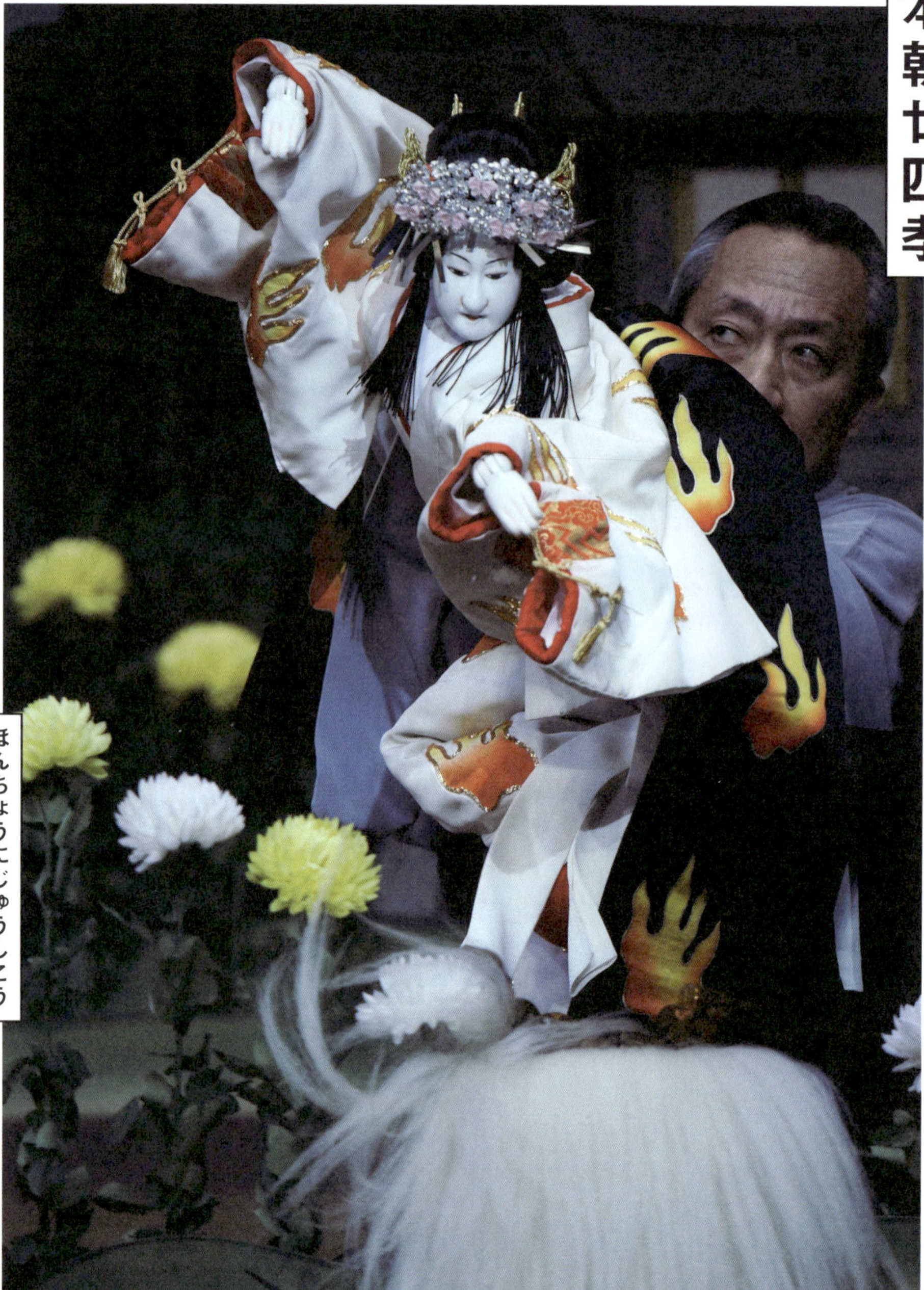

奥庭《おくにわ》狐火《きつねび》の段より。父・長尾謙信が、愛する武田勝頼を殺そうとしていることに気づいた八重垣姫《やえがきひめ》は、なんとかして勝頼に危機を知らせたいと、諏訪明神《すわみょうじん》の兜《かぶと》を掲げて祈りをささげる。すると、八百八狐《はっぴゃくやぎつね》という無数の狐の霊が姫に乗り移り、霊力を得る。

ビジョンは言語化する

『本朝廿四孝《ほんちょうにじゅうしこう》』は、中国に伝わる24の孝行話をアレンジしたものだが、その内容はミステリーやSF要素が盛り込まれ、登場人物の人間関係も複雑だ。ここでは通称「筍掘り《たけのこほ》」と呼ばれる三段目を取り上げたい。前半にさまざまな伏線が敷かれているため、物語の背景をまず押さえよう。

事の発端は、室町幕府の御所で起きた殺人事件である。12代将軍足利義晴《あしかがよしはる》の側室・賤《しず》の方《かた》が懐妊したため、当日はそれを祝うパーティーが開かれていた。その最中、見知らぬ浪人が鉄砲を献上したいと現れ、義晴を射殺したのだ。騒然とする館内。そのうえ、賤の方も突如現れた謎の覆面男にさらわれてしまう。遅れて駆けつけたのが甲斐《かい》の国主・武田晴信《たけだはるのぶ》と越後《えちご》の国主・長尾《ながお》謙信《けんしん》。武田家と長尾家は対立している。2人は場に居合わせなかったことから将軍暗殺の嫌疑をかけられてしまう。身の潔白を主張するため、両家の跡継ぎである武田勝頼《かつより》と長尾景勝《かげかつ》の首を討って疑いを晴らそうとする。しかし義晴の正室・手弱女御前《たおやめごぜん》は2人に2年の猶予を与え、犯人捜索を命じた。武田晴信は出家し、名を武田信玄《しんげん》と改める。

長尾景勝の家来・直江山城之《なおえやましろの》助《すけ》と賤の方の腰元・八つ橋《やはし》は恋人同士。2人は賤の方が誘拐《ゆうかい》された責任を取り、ともに自害しようとする。しかし謙信は2人を勘当することで命を助ける。

ここまでが前提となる物語。その後、犯人が見つからないまま2年が経ち、武田家と長尾家は息子の替え玉を探そうと必死になっている。長尾家の跡継ぎである景勝が目をつけたのは、自分にうり二つの横蔵《よこぞう》という男だった。三段目は横蔵の家族を中心とした物語が展開される。

雪深い山里にある一軒の家。横蔵と弟の慈悲蔵《じひぞう》夫婦、老いた母が暮らしている。兄弟の父は山本勘助《やまもとかんすけ》という有名な軍師だった。どちらがその名を継ぐかはまだ決まっていない。弟の慈悲蔵は親孝行な息子で、妻のお種《たね》とともにかいがいしく母の世話をしている。一方、横蔵は母や弟夫婦をこき使う、ならず者。女癖も悪く、最近もどこかの女に産ませたらしい子どもの次郎《じろ》吉《きち》の世話をお種に強いている。

ある日、長尾景勝が横蔵の家にやってきた。横蔵を自分の身代わりにと狙う景勝である。家の中の様子をうかがうが、横蔵は留守のようで、老母が雪見をしている。体を気遣う慈悲蔵に母は冷たく当たり、裏の竹やぶで筍を掘ってくるよう命じる。

「無いものを取り寄せるのが本当の孝行」と言い、慈悲蔵を杖で打とうとしている。その拍子に下駄が飛び、景勝がそれを拾う。老母の前に直し、横蔵を気に入ったから家来にほしいと頭を下げた。母は了承し、景勝から主従固めの一品を受け取る。

　雪の中で慈悲蔵が筍を掘っていると、鳩が一つの場所に集まっている。もしや父・山本勘助が残した兵法書「六韜三略《りくとうさんりゃく》」が埋められているのではと思い、そこを掘ることに。すると横蔵が現れ掘り出した箱をめぐり、激しく争う2人。母はそれを制し、慈悲蔵に裏口の警護を命じる。そして横蔵にはよい主君に仕えさせようと、景勝から受け取った箱に入っていた死に装束《しょうぞく》を手渡す。横蔵が身代わりにされることを母は見抜いていたのだ。横蔵は逃げ出すが、膝に手裏剣が命中。逃げられないと悟った横蔵は、膝から抜いた手裏剣で自分の右目をえぐる。これで人相が変わった、景勝の身代わりは務まるまいというのだ。そして、今より自分が山本勘助の名を継ぐと宣言。「直江山城之助出てこい」。横蔵がそう言うと、武士の出で立ちをした慈悲蔵が現れた。慈悲蔵は、前半で登場した長尾家の家臣・山城之助だったのである。妻のお種は腰元の八つ橋である。目をえぐってまで身代わりを拒んだ根性に感心した慈悲蔵は、横蔵に長尾家へ仕えるよう言うが、横蔵は拒否。「自分の主人は足利13代の松寿君《まつじゅきみ》である」と言うと、次郎吉が武田家の家来の妻に抱かれ現れる。次郎吉は横蔵の子どもではなく、足利義晴の子ども、松寿君だったのだ。義晴殺害の騒ぎのなか、賤の方を誘拐した覆面男は横蔵だったのである。将軍の子を守るためにさらったのだ。横蔵は武田信玄と意気投合し家臣となって、ひそかに足利家を守っていたのである。対立する主君を持つ兄と弟は戦場での再会を誓うのだった。

　ストーリーは割愛したが、ビジネスパーソンが注目したいのは、横蔵が山本勘助を名乗るところ。慈悲蔵が母に孝行し、父の兵法書を手に入れ後継者になろうとしたのに対し、横蔵は自らのビジョンを言語化したのだ。ビジョンとは個人や企業が描く具体的な未来像。ビジョンが明確でなければビジネスは成立しない。ビジョンは人や企業にとっての価値基準であり、戦略策定の判断軸となるからだ。

　成長する企業には必ずビジョンがある。Ａｍａｚｏｎは、「世界一の顧客中心の企業であること、すべてのものが買える店であること」。その言葉通り、創業から一貫して、次々と新しいサービスを展開。他社の追随を許さない徹底的な顧客第一を追求している。ロケットや宇宙船開発で注目されるＳｐａｃｅＸのＣＥＯ、イーロン・マスクは２０２３年以降に民間の月旅行のための初飛行を開始すると発表している。再利用可能なロケットによる惑星間旅行の実現を目指しているのだ。

　ビジョンとは、膨大な選択肢の中からどうありたいかを選び取ることである。そしてそれを言語化することは、そのための覚悟を示すことである。結果、ビジョンが共感を呼び、人や企業の求心力となるのだ。１年、５年、10年後。どんな自分をイメージするか。さあ、横蔵のように腹をくくろうではないか。

本朝廿四孝 主要人物相関図

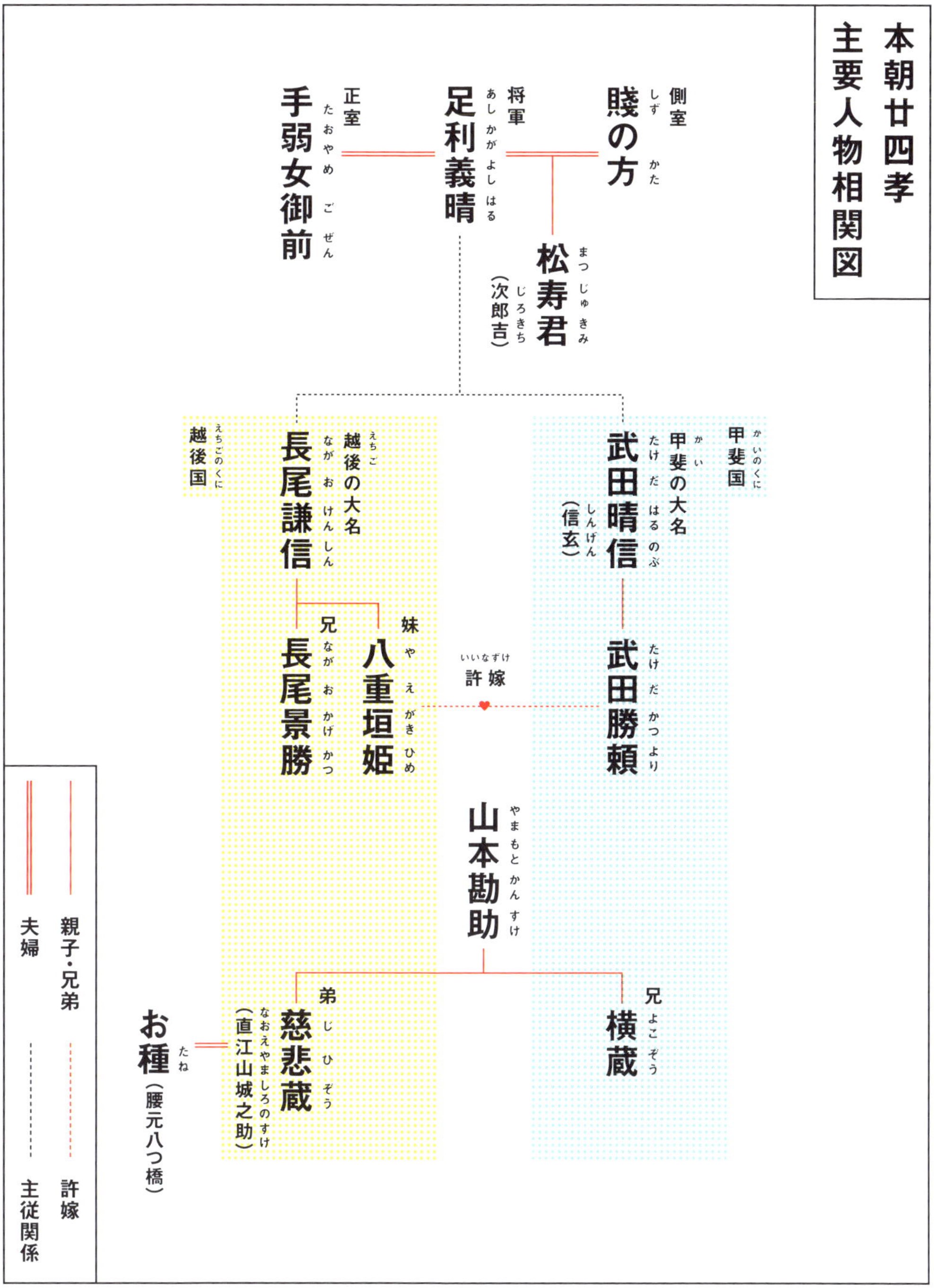

一谷嫩軍記

いちのたにふたばぐんき

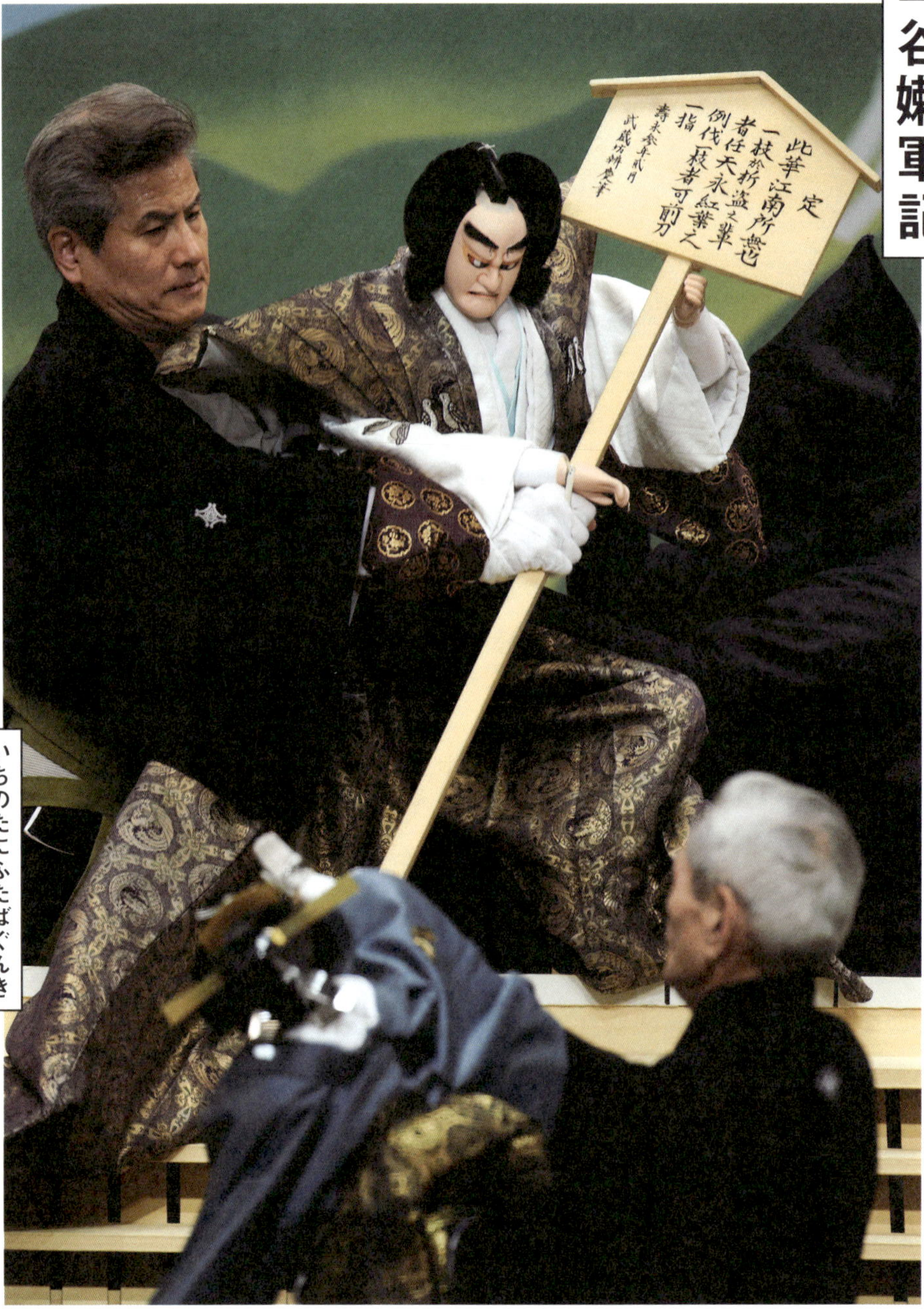

熊谷陣《くまがいじん》屋《や》の段より。源義経の意をくみ、平敦盛の身代わりに我が子を討った熊谷次郎直実。その事実を知った妻・相模は驚きのあまり取り乱すが、直実は毅然《きぜん》として制する。大義のためなら我が子の命も犠牲にする。武士としての覚悟がにじみ出る場面だ。

言葉の真意をちゃんと読み取りなさい

ダチョウ倶楽部《くらぶ》の上島竜兵《うえしまりゅうへい》が言う「 押すなよ！ 絶対に押すなよ！」は、本当に押すなという意味ではない。これは誰もが知るお約束だが、言葉には額面以外の真意が込められていることがある。仕事でよくある例を出すなら、上司からの「暇なときに見ておいて」。もし言葉そのままに受け取って後回しにしていたら「まだ見てないの？」と言われてしまうだろう。急ぎではない、という上司の配慮であって、こういう場合はできる限り早く目を通すというビジネスパーソンも多いと思われる。また、顧客からの「検討します」。こちらも、純粋に検討したい場合と、体《てい》のいい断り文句としての側面を持っている。言葉の裏に隠された真意をくみ取る力は、仕事において大きな武器になる。『一谷嫩軍《いちのたにふたばぐん》記《き》』には、上司の本心を鋭く見抜いた優秀な男が登場する。

1751年初演の『一谷嫩軍記』は、平家物語《へいけものがたり》で有名な一《いち》ノ谷《たに》の戦いでのエピソードを題材にした作品。物語は源義経《みなもとのよしつね》の命令から始まる。

西国へ逃れた平家の残党を討つため京都へ入った義経。指揮下の熊谷次郎直実《くまがえのじろうなおざね》を呼び、「一《いっ》枝《し》を切らば一指《いっし》を切るべし」と桜の枝を折ることを禁止する高札を渡す。平経盛《たいらのつねもり》・敦盛《あつもり》親子が陣取る須磨《すま》に行き、若木の桜を守れと謎めいた命令を下した。

平経盛の館では、息子の敦盛と玉織姫《たまおりひめ》の祝言《しゅうげん》があげられていた。その席で、経盛は衝撃の告白をする。敦盛が実は後白河《ごしらかわ》法皇《ほうおう》の落とし子であると。妊娠していた藤《ふじ》の局《つぼね》を妻にして、敦盛を我が子として育ててきたというのだ。そして、平家の滅亡は必至ゆえ、藤の局と玉織姫とともに都へ帰るよう諭した。経盛自身は平家一門もろとも八島《やしま》へ移った。しかし息子・敦盛は、最期まで戦う覚悟をしていた。玉織姫と藤の局は涙ながらに出陣の用意を手伝う。

敦盛が守りを堅める一ノ谷の陣所。源氏方である熊谷次郎直実の息子・小次郎《こじろう》が先陣を切ってくる。一番乗りの手柄をあげようと敵陣に切り込んだ小次郎だが、平家方に囲まれた様子。駆けつけた父・直実がこれを救い、自分の陣屋に連れ帰る。

出撃した敦盛は岸辺へ駆けつける。平家一門が乗り込む船に乗り遅れまいと馬を走らせてきたのだ。しかし船はすでにはるか遠くの沖合に出ていた。仕方なく馬を波間に乗り入れると、後を追ってきた直実が現れる。一騎打ちだ。2人は組み合い、敦盛は落馬。直実に抑え込まれてしまう。敦盛の首をはねようとした直実は、「今生に思い残すことがあれば必ず実現させてやろう」と言う。敦盛は、敵ながら情深い直実に感謝し、「思い残すことはないが、忘れられないのは父母のご恩だ」と答え、無官《むかんの》太夫《たゆう》敦盛だと名乗る。そのいたわしさに、お前一人を助けても勝ち戦に影響ないと、直実は敦盛を逃がそうとする。しかしそのとき、後ろの山から義経の家来・平山《ひらやまの》武者所《むしゃどころ》が現れ、平家の大将を助けるとは裏切りだと罵倒する。刀を振り上げながら、敦盛の気高い顔を見つめる直実。よく見れば、息子の小次郎と同じ年頃。父親はさぞかし悲しむだろうと嘆きつつも、ついに敦盛の首をはねたのだった。

　直実は屋敷に戻り、妻の相模《さがみ》に小次郎の初陣の手柄や、敦盛を討った功名話を聞かせている。すると突然、敦盛の母・藤の局が現れ、息子の敵と直実に斬りかかる。直実と相模夫婦には、藤の局に命を助けられた過去があった。直実は、戦場の習いであるから諦めてほしいと諭し、敦盛を討ったときの様子を藤の局に語るのだった。

　義経に見せるため、直実が敦盛の首桶を携えている。我が子の顔を一目でも見たいと藤の局が取りつくが、そこへ義経が現れる。急きょ、その場で首実検《くびじっけん》が行われることに。直実は、「桜に立てた高札の命令通り、敦盛を討ちました」と首桶のふたを取る。義経は、よくぞ討ったと応える。しかし、首は敦盛ではなく、直実の息子・小次郎のものだったのである。若木の桜とは後白河法皇の血を引く敦盛のこと。高札の「一指を切るべし」＝「一子を切るべし」と、敦盛を救うために小次郎を身代わりにするよう暗示していたのだ。

　直実は、高札に表された義経の心を見事に読んだ。もし義経が「俺はそんな命令をしていない」と言ったなら我が子の死が無駄になるという、とんでもない賭けだ。お手本というには悲しい物語であるが、直実のように行間を読む力はぜひ身につけたいスキルだ。

　言葉に隠された真意を読むためには、観察する力を磨かなければならない。与えられた指示が簡単なものであっても、その指示が出されるには必ず経緯、理由がある。今がどういう状況なのか、何が目的で作業をするのか、誰が必要としているのか。それにより、たとえ「コピーして」という単純な指示でも、仕上げ方は変わってくるだろう。拡大縮小する、両面印刷する、ホチキスで留めておく、パンチで穴を開ける……。ささいなことだが、指示の真意を見極められれば、先回りして処理できる。そしてこういったささいなことを、誰かもまた見ているのだ。あなたが観察力を磨けば磨くほど、それを見た人の信頼をつかむことができる。

　観察して分析、行動する。その積み重ねが、察する力を身につけていく。するといつしか、「あの人なら分かってくれるに違いない」と、上司や同僚、顧客との強い信頼関係が出来上がっているのだ。桜の高札で身代わりを指示するなど、いくらなんでも義経ほどのむちゃぶりは勘弁したいが、「あなたになら任せられる」と言われることは、間違いなく仕事で得られる大きな喜びの一つだろう。

一谷嫩軍記 主要人物相関図

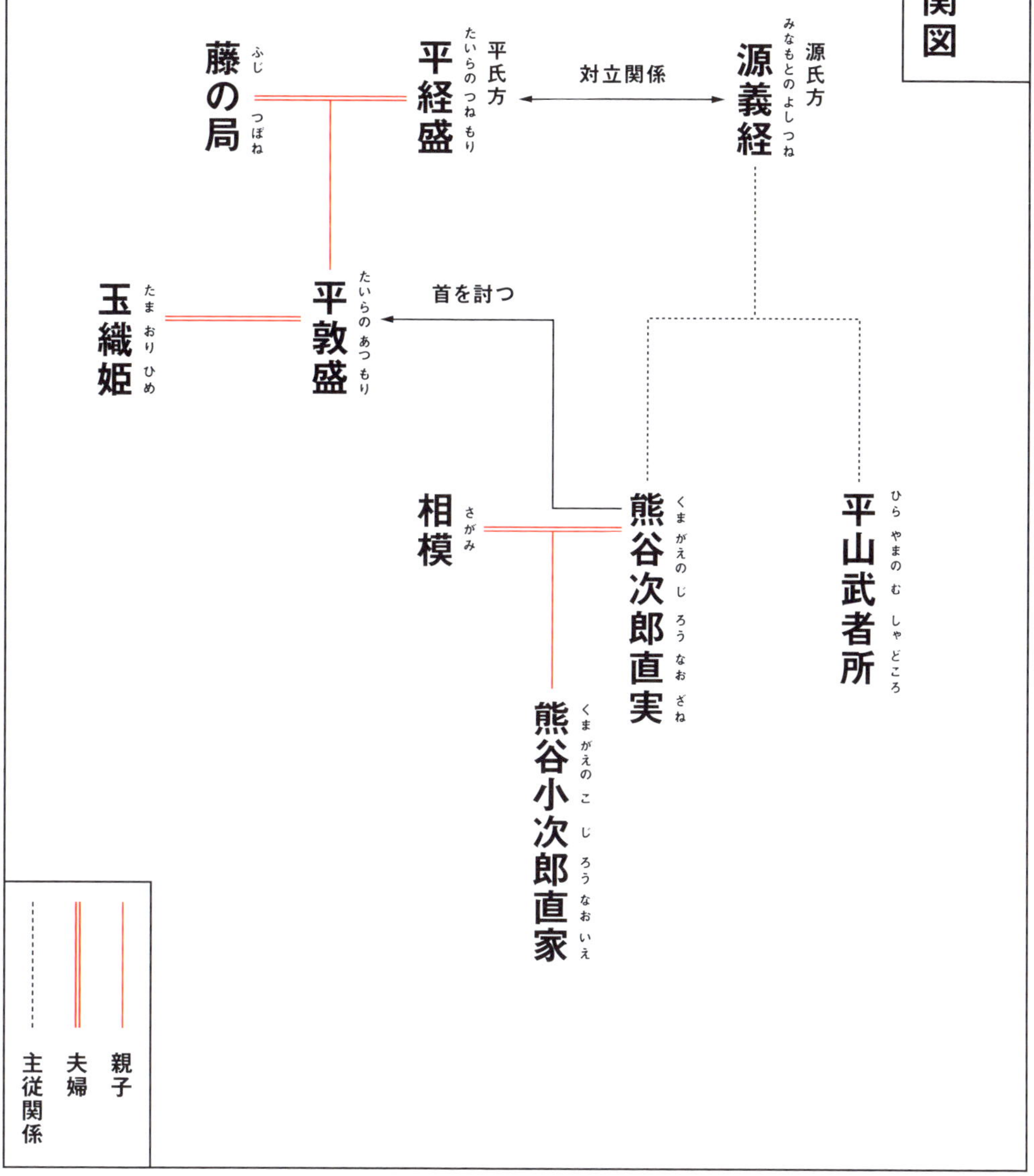

生写朝顔話

しょううつしあさがおばなし

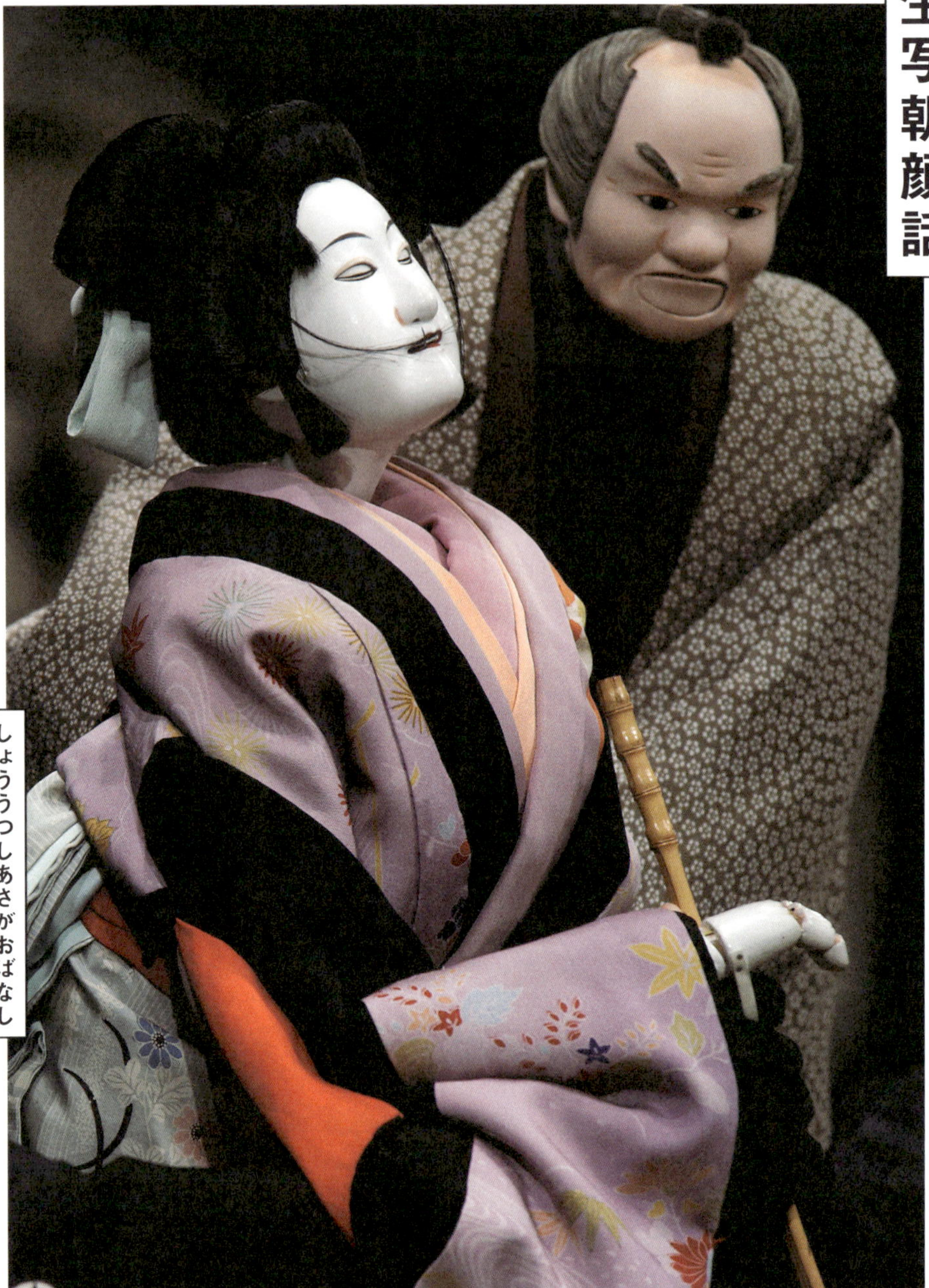

大井川の段より。盲目の深雪は愛する阿曽次郎を追いかけ、大井川へ。しかし、雨で増水した川は渡れず、絶望を感じた深雪は川に身を投げようとするが、宿屋の主人・戎屋徳右衛門に助けられる。この後、深雪の身に信じられない奇跡が起きる。

チャンスは何度でもあるから諦めない

「露《つゆ》の干《ひ》ぬ間《ま》の朝顔を、照らす日かげのつれなきに、あはれ一《ひと》村雨《むらさめ》のはらはらと降れかし」

これは江戸時代の儒学者・熊《くま》沢蕃山《ざわばんざん》の和歌で、朝露が乾くまでの短い間しか咲かない朝顔に陽が降り注いでいる。お願いだからにわか雨よ降っておくれ、朝顔がもうしばらく咲いていているようにという願いを詠んだもの。『生写《しょううつし》朝顔話《あさがおばなし》』は中国地方を支配する大内《おおうち》家の家臣・宮城《みやぎ》阿《あ》曽次郎《そじろう》と深雪《みゆき》のラブストーリーで、この和歌がたびたび挿入歌として登場し、物語の鍵を握る。

2人の出会いは、蛍《ほたる》が飛び交う夏の夜。京都の宇治川《うじがわ》だった。京都で儒学を学んでいた阿曽次郎は知り合いに誘われ、蛍狩りにきた。阿曽次郎が詠んだ歌を記した短冊が、風に吹かれて船の中に入ってしまった。船の主客は芸州《げいしゅう》岸戸《きしど》藩の娘・深雪という女性。歌が縁となり2人はたちまち恋に落ちる。船に酔っ払いが暴れ込むところを阿曽次郎が助け、急接近した2人は一緒に杯を交わすことに。すると深雪は朝顔が書かれた扇子を阿曽次郎に渡し、「これに何か書いてほしい」と言う。阿曽次郎は見事な筆で朝顔の歌をしたためる。心ときめかす深雪。そこへ使いがやってくる。阿曽次郎の伯父《おじ》からの書状で、家督を継いで鎌倉へ行き、遊びふける主君をいさめよ、というもの。急いで出発しようとする阿曽次郎を深雪は引き留めるが、阿曽次郎は扇子に書いた朝顔の歌を自分と思って、今度会う日まで待つように告げて去る。

2人が再会したのは、月の美しい明石《あかし》の浦。多くの船が風待ちをしている。そのとき、阿曽次郎の耳に朝顔の歌の調べが聞こえてきた。大きな船から偶然に顔を見せたのは深雪だった。すると、会いたかった、と大胆にも阿曽次郎の船に乗り移り、このまま連れて行ってほしいと言う。大事な使命を抱えている阿曽次郎は断るが、深雪は「一緒になれないなら身を投げて死ぬ」とまで。阿曽次郎も心を動かされ、「未来永劫《えいごう》、女房だ」と連れていく決心を固める。

親が心配してはいけないと、書き置きを残すために深雪がいったん自分の船に戻る。その瞬間、強風が吹き、深雪の船はいかりを上げて帆を巻く騒ぎ。焦っている間に船は遠ざかっていく。深雪は阿曽次郎の船に朝顔の扇子を投げ込み、2人は再び別れてしまうのだった。

その後、阿曽次郎は家督を継いで、駒沢次郎左衛門《こまざわじろうざえもん》と改名した。遊びほうけていた主君も無事に改心し、本国へ帰ることに。下準備のため、次郎左衛門は同僚の岩代多喜太《いわしろたきだ》とともに嶋《しま》田《だ》の宿に泊まるのだが、そこで運命の扉は開く。座敷のついたてに朝顔の歌を記した扇が貼られていたのだ。宿の主人・戎屋《えびすや》徳右衛門《とくえもん》に尋ねると、盲目の三味線弾きの女性のものだという。話を聞くうち、それが深雪であり、今は朝顔《あさがお》という名で琴三味線を弾いて唄う芸人をしていると分かった。次郎左衛門はすぐに朝顔を座敷に呼び寄せた。

現れたのは変わり果てた深雪だった。深雪は明石の浦で阿曽次郎と別れた後、阿曽次郎会いたさに家を出た。そして流浪の苦労と悲しみで泣きはらし、目をつぶしてしまっていたのだ。阿曽次郎がいるとも知らず、「露の干ぬ間の朝顔を……」と琴に合わせて唄い、苦労話を語る深雪。たまらず涙をこぼす次郎左衛門だが、岩代の手前、名乗ることができない。深雪も聞き覚えのある声と思いながらも座敷を去るのだった。

次郎左衛門はすぐに深雪を呼び戻すが、時すでに遅し。もう出発した後で、今夜中には間に合わない。次郎左衛門は宿の主人に、明石で深雪からもらった扇と目薬、多額のお金を預ける。目薬は明国《みんこく》秘法のもので、甲子《きのえね》の年に生まれた男子の生き血とともに服用すれば、どんな眼病も即座に治るという。深雪に渡してくれと託し、次郎左衛門は岩代とともに旅立っていく。

深雪も何か気にかかったのか、宿へ戻ってきた。残された品からついに次郎左衛門が阿曽次郎であると知り、大雨の降るなか必死で後を追う。倒《こ》けつ転《まろ》びつ大井川《おおいがわ》までたどり着くが、すでに次郎左衛門は向こう岸に渡っていた。増水のため、もう川は渡れない。幾度の不運や困難を経てやっと巡り合えた夫がそばにいたのに……。絶望した深雪は川に身を投げようとするが、間一髪救われる。徳右衛門が追いつき、自分は秋月の元家来で、深雪の父に命を救われたことがある者だと名乗る。さらに甲子の年の生まれであると語り、短刀を腹に突き立てた。その生き血と目薬を飲むと、深雪の両目がたちまち開くのだった。

舞台はこれにて終演するが、後日談として、2人は大坂で無事再会し、祝言《しゅうげん》をあげる。度重なる苦難とすれ違いを乗り越えた深雪の思いが叶ったのだ。

チャンスの神様は前髪しかない、といわれる。ためらっているうちに通り過ぎてしまい、そのときにはもうつかむことができない。好機を逃さない姿勢でいることは大切だが、すべてにおいて後悔なく物事を進められる人はほとんどいない。失敗や挫折を経験し、「あのときこうしていれば」という思いにとらわれることもあるだろう。しかし、深雪のように決して諦めず、信念を持って追い求めていればまた好機は訪れる。チャンスの神様は前髪しかないかもしれないが、何度でもやってくるのだ。

ケンタッキーフライドチキンの創業者であるカーネル・サンダースは20以上の職を転々とし、度重なる事業の撤退を経験。65歳で無一文になるが、フライドチキンのフランチャイズビジネスを生み出し大成功した。三度目どころか、30度目の正直もあるのだ。なによりも、自分が自分を諦めないこと。それが再びのチャンスを呼び寄せるのだ。

生写朝顔話 主要人物相関図

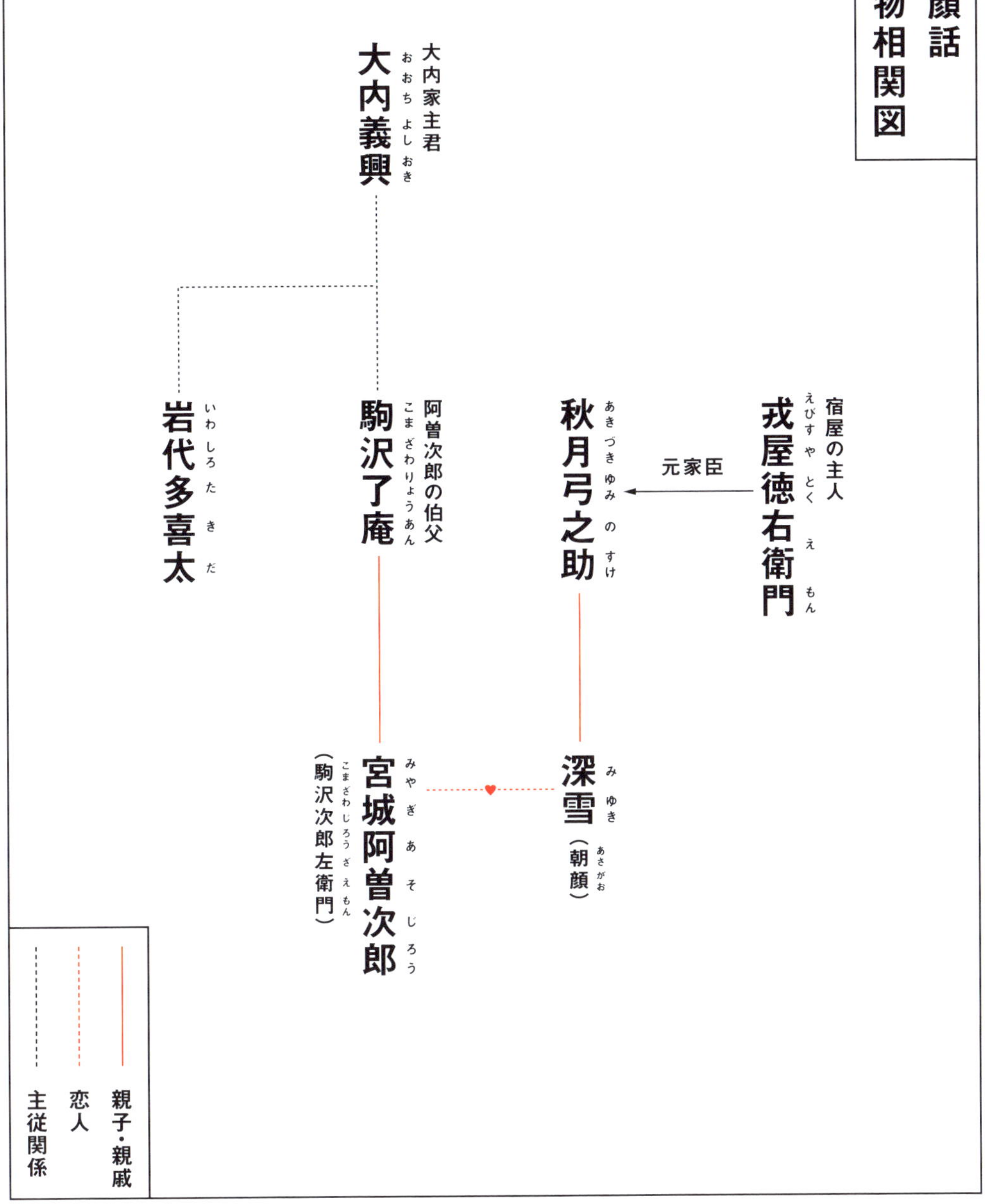

基礎知識をクイックチャージ②

文楽はおはぎである

さきほどは三業一体《さんぎょういったい》の文楽を「天ぷらうどん」（P34）と表現したが、江戸時代の人々が文楽に抱いた感覚は「おはぎに似ている」と竹本織太夫は言う。果たして、そのココロとは？

おはぎは、秋のお彼岸のお供え物。諸説あるが、その名は秋の花である萩《はぎ》に由来している。春の花の牡丹《ぼたん》に由来する「ぼたもち」とは名前が異なるだけで同じ食べ物だ。和菓子屋はもちろん、街の食堂や近所のスーパー、道の駅など、あらゆる場所で売られていて、全国どこへ行っても買うことができる。地域ごとに大きさや硬さ、餅のタイプ、甘さもさまざまで、どれを食べてもハズレがない。あんこを使った食べ物は数あれど、毎日でも食べられるという意味では、おはぎにかなうものはないだろう。

江戸時代の文楽（人形浄瑠璃《にんぎょうじょうるり》）もまた、庶民的な存在だった。テレビやラジオのなかった時代に、誰もが知る心中事件や御家騒動に時事ネタを盛り込んだ演目は、笑いあり、涙ありの娯楽として成立していた。江戸後期の大坂には浄瑠璃を習う稽古屋が500軒あり、素人の浄瑠璃語りが2万人いたというから、その人気がうかがい知れる。明治期には、女流義太《ぎだ》夫《ゆう》（女性の浄瑠璃語り）の活躍も目立つように。女流義太夫は元祖「会いに行けるアイドル」のような存在だった。大正時代になると、浄瑠璃本は年間4万冊近く発行され、日本全国はもとより、中国や朝鮮、南米の日本人居留地にまで出荷されていたというから驚きだ。

まさに庶民の芸能だった文楽は、2008年にユネスコの無形文化遺産に登録される。織太夫は、「偉大な先人たちの功績によるもので大変誇らしい」とする一方で、文楽がいつの間にか芸術として神棚に上げられてしまったのではないかと危惧する。「棚からぼたもち」という言葉があるように、思いがけず舞い込んだ機会でもなければ観に行くことはない、という存在になっているのではないか。遠慮から手を出しづらくなっているのではないか。日常のおやつであるおはぎのように親しみやすかったはずの文楽を、もう一度、神棚からちゃぶ台に戻したい。そんな気持ちで、織太夫は舞台に上がっているのだ。

イラスト／マメイケダ

企業のトップは なぜ文楽を観るのか

水口貴文

スターバックス コーヒー ジャパン 株式会社
代表取締役最高経営責任者（CEO）

写真／濱田英明

全国に約1400店舗を展開、1日に約85万人が訪れるスターバックス コーヒー。2019年に東京・中目黒《なかめぐろ》に日本初となるスターバックス リザーブ ロースタリー 東京をオープンするなど、その挑戦と好調ぶりはとどまるところを知らない。そんなスターバックス コーヒー ジャパンをCEOとしてけん引する水口貴文《みなぐちたかふみ》さん。オペラや能などの伝統芸能にも造詣が深いが、いま夢中なのは文楽だという。

文楽との出合いは2018年2月。竹本織太夫の襲名公演『摂州合邦辻《せっしゅうがっぽうがつじ》』だった。いわく、初めてオペラを観たとき以上の衝撃を受けた。

「語っているのは太夫さん一人なのに、なぜこんなに迫ってくるのかと。何人もの役を語り分けて、顔が変わらないはずの人形には喜怒哀楽の表情が見えてくる。純粋に感動しましたね」

想像力をかき立てられ、そこにないイメージが見えてくる。本に似て行間を感じられる世界観に魅了されたという。そしてなにより驚いたのが、太夫、三味線、人形遣いの阿吽《あうん》の呼吸だ。

「一糸乱れずにチームが動いている。なぜこんなことができるのか織太夫さんに聞いたんです。例えばオーケストラだと、集まって音合わせをして、少しずつ完成に近づきますよね。だけど、文楽は演目を決めたら、集まった最初の段階でピシッと合うそうなんです。それは一つの演目を、長いものなら200年以上上演しているから。いろんな人が何年も積み重ねた、200年以上のノウハウが詰まってる。それが〝型〟というものですよね」

〝型〟は、ビジネスで言えば基礎能力。現代では軽視されがちな下積みと置き換えてもいい。

「文楽のチームをビジネスで想像するとおもしろい。マーケティングやセールス、商品開発、オペレーションっていろんな部門の人が集まる。それぞれに基礎能力があり、かつどんな風に周りが動くかきちんと把握している。自分と相手の仕事がどう影響するかも分かっているから非常にスムーズ。だからこそ、クリエイティビティを発揮して新しいものに挑戦できる。ベースがあるから進化できるんです」

スターバックス コーヒー ジャパンにも〝型〟がある。最も大切にしているミッション&バリューだ。ミッションとは「人々の心を豊かで、活力あるものにするため」という理念。そしてバリューとは、ミッションを達成するための、全社員の行動規範である。普段から繰り返しミッション&バリューのシェアや議論が行われているのだ。

「まさに我々にとっての〝型〟なんです。このおかげで、どんな行動をとるか、なんのために働いているのか、ぶれることがない。だから、例えば新しい店に違う店舗の店長が行ったとしても、共有しているベースがあるから大きなずれはない。ミッション&バリューという〝型〟があることは、我々の最大の差別化要因だと思っています」

真のリーダーシップは 文楽のダメ男に学ぶ⁉

スターバックス コーヒー ジャパンでは社員をパートナーと呼ぶ。上下なく全員が同じ位置にいると考えるからだ。本社はヘッドオフィスではなく、サポートセンター。水口さんは皆から「たかさん」と呼ばれている。上に立ち、人を率いると考えられがちなリーダー像とは違っている。

「僕なんか、感動したら皆の前ですぐ泣いちゃいますし。文楽に出てくる男の人も、みんな何か問題がありますよね（笑）。仕事を放り出して遊郭に行くとか、人としてダメな感じ。でもある意味、弱みのある人間って魅力的なんですよね。実は我々の会社では、自分の弱さを見せられるかってすごく大切な要素。企業ではポジションが上がるほど、なんでもできるぞって態度になりますよね。でも創業者のハワード・シュルツは全然そういう人ではなくて。『私はできないから助けてくれ』って。僕はそれが本当のリーダーシップだと思う。できないこと、分からないことは助けてもらう。それで本当のチームが出来上がっていくんです」

一人のリーダーがすべてを引っ張る組織には限界がある。リーダーができないことをフォローする優秀な人がいて、その人たちが業務をドライブしていく。そうして組織のパフォーマンスが最大化する。それがこれからの組織のあるべき姿ではないかと水口さんは言う。分からないことを分からないと言うには勇気がいる。リーダーの立場ならなおさらだ。水口さんも以前は弱みを見せられなかった。

「今までは『ここに行きたいけど、どうやって行けばいいか分からない』って、皆に言っても無駄だと思っていた。でもそれは周りの力を信じきれていないから。『ここへの行き方が分からないからみんなで考えよう』と言った方が組織は盛り上がる。方向性を示すことはリーダーの役割だけど、方法は皆で考えると達成感もあります。弱みをさらけ出すことは、どれだけ自分や周りに誠実に向き合えたか、ということなのかなって」

ストーリーテリングという共通する大きな使命

身分違いの恋、縦社会のジレンマなど、文楽には制約ゆえ生まれるドラマがある。当時に比べ私たちは自由になったが、それでも疎外感や窮屈さを感じている人は少なくない。

「時代は変わっても、制約の中で苦しんだり突破しようともがいたりっていう人間模様は変わらない。我々はコーヒーを提供していますが、その裏にある豆をピッキングしているケニアのファーマーの話だとか、そういうストーリーを伝えるのも仕事だと思っています。人間模様を語るという意味では文楽との共通点かもしれませんね」

みなぐち・たかふみ
1967年生まれ、東京都出身。上智大学卒。2001年、LVJグループ株式会社(現ルイ・ヴィトン ジャパン株式会社）入社。グループ会社の副社長、CEOを歴任後、同社取締役を務める。2014年、スターバックス コーヒー ジャパン 株式会社に入社、最高執行責任者(COO) に就任。2016年6月より代表取締役最高経営責任者(CEO) を務める。

seven

きっと経営者も注目してるはず?

迷えるビジネスパーソンに 七つの処方箋

上司からのむちゃぶり、部下の身勝手な暴走……。オフィス"あるある"の困った状況には、文楽の名言で対処してみてはいかがでしょうか。

prescriptions

一

花見で、新入社員がからあげに断りなくレモンを搾ったときは……

「○○君、頭が高いよ」

学生気分のフレッシャーズには、社会人としての気遣いを教えよう。『ひらかな盛衰記《せいすいき》』（P40）では、武士の子どもと間違われて孫が殺され、祖父は怒るあまり、「その子どもの首も討つ！」とわめく。しかし、この一言で身の程をわきまえて目が覚めた。

二

上司から言葉の暴力を受けたときは……

「武士の武の字は戈《ほこ》を止《とど》むると書きます」

暴言の応酬になるのは不毛。『義経千本桜《よしつねせんぼんざくら》』（P30）の名言で切り返そう。上司から「どういう意味？」と聞き返されたら、「武」という字は「戈」と「止」で出来ている。ホンモノの武士は不要に刀を抜かず、平和を望むものだと補足しよう。

三

部下がSNSにあることないこと書き込んでいるときは……

「七度尋ねて人を疑え」

確証がなく、人を疑ってはいけない。間違っていれば無礼になり、信頼を失いかねない。これは情報の裏取りをせず、SNSで過激な発言をし、炎上する部下の行為も同じ。リスク管理の重要性を説くときは、『仮名手本忠臣蔵《かなでほんちゅうしんぐら》』（P22）のフレーズを。

四

課長の言う通りにすると、部長に怒られた。そんなときは……

「二君《にくん》に仕えぬ！」

同じ問題について、2人の上司から違うことを言われるケースは意外と多い。あっちにもこっちにもいい顔をしていては、自分が疲弊するだけ。『仮名手本忠臣蔵』の大星由良助《おおぼしゆらのすけ》のように潔くこう言い放てば、度胸を買ってくれる人もいるはず？

五

新規プロジェクトの内容が無謀すぎるときは……

「人参《にんじん》を飲んで首くくるようなもの」

敵討ちが成功してもいずれ切腹しなければならない。『仮名手本忠臣蔵』で、それは高価な朝鮮人参で病気を治して、金欠で首をくくるようなものだと表現する。プロジェクトが成功しても十分な利益が見込めないとき、思い切って進言してみては？

六

人間関係に悩む部下を励ましたいときは……

「悪人の友を捨て、善人の敵を招け」

『一谷嫩軍記《いちのたにふたばぐんき》』（P48）で、平敦盛《たいらのあつもり》はこのように敵味方を超えた関係を説いた。仲の良い友人でも悪人であるならば関係を断ち、たとえ立場は敵方でも善人ならば関係を持つべき。あくまで一つの指標だが、人間関係を考えるときの一助になるかも。

七

「好きだ」と言い寄る男性社員をあしらいたいときは……

「おまえのは嘘から出たまことじゃない。まことから出たみな嘘」

「キモい！」なんて拒絶すると、職場で冷遇されたり人間関係が気まずくなったり、なにかと面倒。『仮名手本忠臣蔵』では、客に「結婚しよう」と言い寄られた遊女がことわざを引用してうまくかわしているので、覚えておくと便利かもしれない。

イラスト／山田全自動

仕事は文楽を観て盗め！

いい上司

わるい上司

「理想の上司ランキング」なるものもあるが、いい上司とは一体？　一方、わるい上司から学べることとは？　文楽の登場人物から学んでみよう。

イラスト／山田全自動

いい上司は

リスク管理を徹底する

——『仮名手本忠臣蔵《かなでほんちゅうしんぐら》』の大星由良助《おおぼしゆらのすけ》

主君・塩谷判官《えんやはんがん》の敵討ちに燃える浪士たち。しかし、陣頭指揮をとる由良助は標的・高師直《こうのもろのお》のいる鎌倉へ向かわず、京都で三日三晩ドンチャン騒ぎ。浪士たちが出陣のタイミングを尋ねても、素知らぬ顔。敵が本心を探るため、主君の命日に食べてはいけないタコを勧めても問題なく口にする始末。もしかして、敵討ちを諦めたのか。誰もがそう思い始めたが、由良助は師直を確実に仕留めるためにタイミングを見計らい、戦略を練り、武具を準備していたのだ。

いい上司は

社会全体の利益を考える

——『菅原伝授手習鑑《すがわらでんじゅてならいかがみ》』の菅丞相《かんしょうじょう》

菅丞相は帝からその卓越した筆法を誰か一人に伝授せよと命じられる。誰に伝授するべきか検討し、勘当した元家来の武部源蔵《たけべげんぞう》を呼び出した。源蔵が何をして勘当されたかは分からないが、忠義の世で一度勘当した者に筆法を伝授する。私情を挟まず、世の中の利益を考えての選択だった。リストラした部下でも、専門分野で才能があると見込めば、無償でノウハウを授ける。この選択は決して容易ではない。

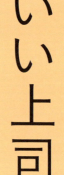

いい上司は

責任をいち早く取る

――『本朝廿四孝《ほんちょうにじゅうしこう》』の武田晴信《たけだはるのぶ》

将軍足利義晴《あしかがよしはる》が何者かによって暗殺された。犯行現場に遅れてやってきた武田晴信と長尾謙信《ながおけんしん》は将軍暗殺の疑いをかけられる。2人はそれぞれ跡継ぎである息子の首を差し出して疑いをはらそうとするが、義晴の正室は2人に2年の猶予を与え、犯人捜索を命じた。晴信は犯人捜しを誓うとともに、「将軍の名を一字いただいた身なので、せめて姿だけでも主君のお供に」と自分の髻《もとどり》をその場で切り落とし、出家する形で責任を取った。

いい上司は

どんな状況でも柔軟に対応する

――『一谷嫩軍記《いちのたにふたばぐんき》』の源義経《みなもとのよしつね》

源義経は平家《へいけ》の残党を討つとき、二つの命令を下した。一つは、敵方の平敦盛《たいらのあつもり》が後白河《ごしらかわ》法皇の隠し子だと知り、家臣の熊谷次郎直実《くまがえのじろうなおざね》に、実の子を身代わりにして平敦盛を守れと命じる。目的のために手段を選ばない冷徹な一面をのぞかせる一方で、敵方の平忠度《たいらのただのり》の歌を和歌集に入れてほしいという頼みには理解を示し、「読み人知らず」で載せることを条件に承諾。ライバルであっても実力があれば温情を見せる、フレキシブルな対応をみせた。

わるい上司は

権力と暴力を振りかざす

――『絵本太功記《えほんたいこうき》』の尾田春長《おだはるなが》

日蓮宗《にちれんしゅう》の寺から安土《あづち》城にソテツを植え替えた途端、三日三晩謎の声にうなされる春長。占いによると、これは法華《ほっけ》の法力によるものといわれ、仏教嫌いの春長はすぐに法華の僧を粛清しようとする。忠臣・光秀《みつひで》は春長の短気で無情な人柄がいずれ命取りになると案じ、たしなめたところ、春長は激怒。部下を使って光秀に暴行し、それでも気持ちは収まらず、光秀の領地を没収し、中国地方で繰り広げられる真柴久吉《ましばひさよし》の戦に援軍するよう命じた。

わるい上司は

部下の人間性を見抜けない

――『国性爺合戦《こくせんやかっせん》』の思宗烈《しそうれつ》皇帝

明《みん》国の皇帝は、将軍・李蹈天《りとうてん》が敵国に寝返っているとも知らず、敵国との和睦を提案する李蹈天を大いに評価し、妹である皇女を妻に薦める。一方で、自国のことを思い、李蹈天はスパイであると進言する将軍・呉三桂《ごさんけい》の話には耳を貸さず、ひどい仕打ちをする。皇帝は以前にも、忠臣を国外に追放したことがある。部下が上司にうまく取り入るのは一つの能力だが、上司は部下の能力や人間性を見抜けなければ、会社自体が危機に直面することになる。

きみは文楽のサードウェーブを知っているか

文楽は近松門左衛門によって隆盛し、その後、並木千柳や近松半二らがヒット作を生み出し人気を支えた。そこで、世代の異なる3人の作品やバックグラウンドを追いながら、作者像をひもといてみよう。

ファーストウェーブ

近松門左衛門《ちかまつもんざえもん》 1

最も有名な浄瑠璃《じょうるり》作者、近松門左衛門。その類まれな才能は、「作者の氏神」、「日本のシェイクスピア」とも称されるが、意外にも遅咲きだった。20代で人形浄瑠璃の作者になり、40歳前後からは歌舞伎も手がけるように。51歳のときに書き上げた浄瑠璃が大ヒットとなる。それが『曽根崎《そねざき》心中《しんじゅう》』だ。

それまで、武士の御家騒動や歴史上の英雄を扱う時代物が多かった人形浄瑠璃。近松は町人と遊女の純愛を描き、「切ない心中物」という新風を吹き込んだのだ。その後も市井の人々を題材にした数々の名作を残し、それまでになかったジャンルとしての世話物を確立させた。

筆力のある作家としてはもちろん、観客の潜在的なニーズをとらえる演出家やプロデューサーとしての側面も併せ持っていたといえる。

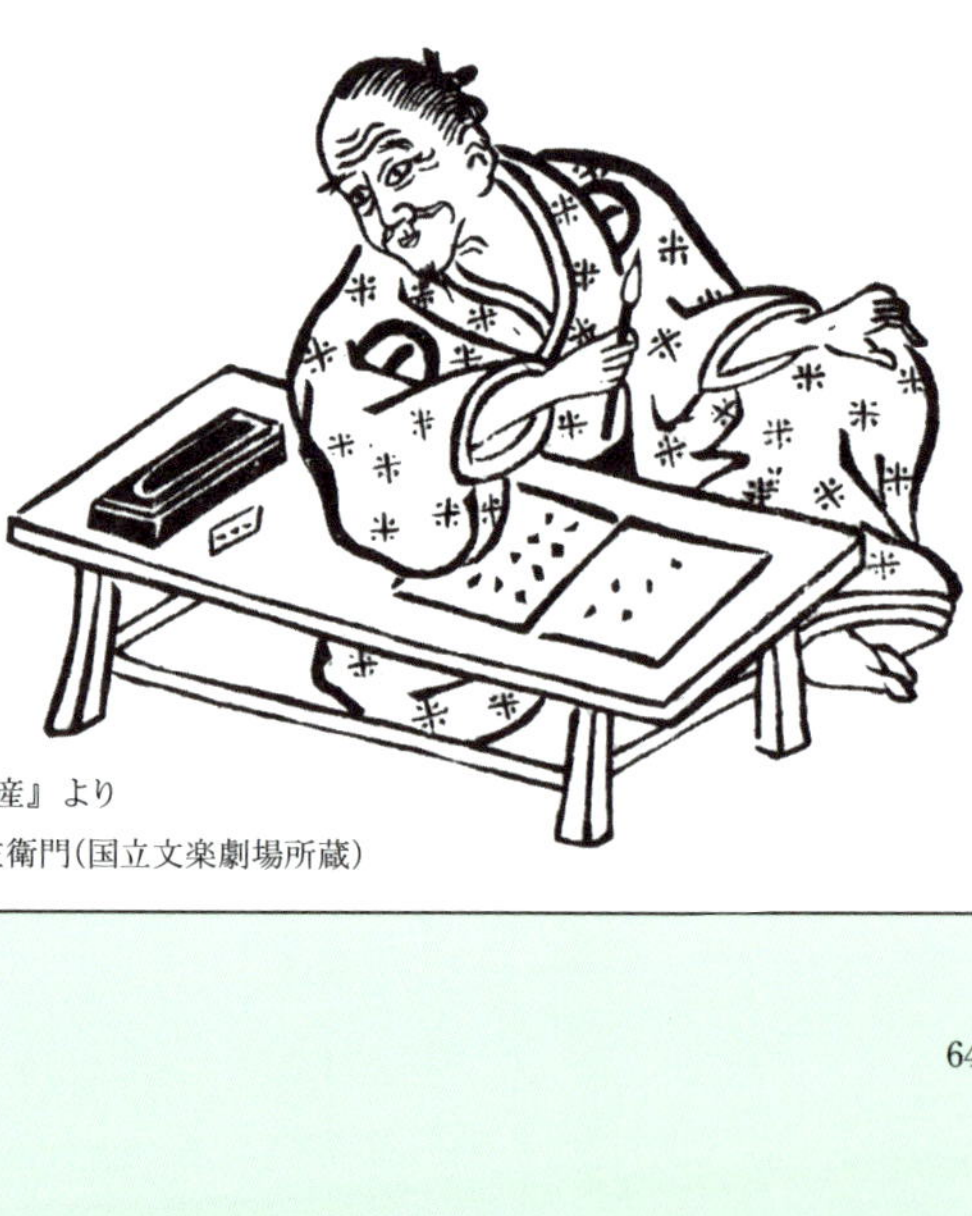

『難波土産』より
近松門左衛門(国立文楽劇場所蔵)

サンプリングの天才

和歌には本歌取《ほんかどり》という手法がある。有名な古歌の一句を引用して、新しい歌を作るのである。現代で言えばパロディーやサンプリングだが、同じようなことが浄瑠璃の世界でも行われていた。能の作品を浄瑠璃にしたり、歴史的事件をもとに創作したり。新しい話をゼロから作るのではなく、ベースをアレンジすることで物語を構築するのだ。

「芸とは、嘘と現実の間にある薄い膜のようなもの。そこにおもしろさがある」。

近松はこう語ったとされ、その演劇論は「虚実皮膜論《きょじつひにくろん》」と呼ばれている。既存の作品や史実に、身近なニュースや都市伝説を織り交ぜ、登場人物を人情味あるキャラクターに仕立て上げる。虚にして虚にあらず、実にして実にあらず。近松のサンプリング力が、多くの人を惹きつける物語を生み出したのだ。

コンプライアンスの鬼

江戸時代、幕府への批判や当時起きた政治的事件を浄瑠璃の題材にすることは禁止されていた。違反が分かれば上演禁止に追い込まれてしまう場合も。そのため、なんとか幕府の目を逃れようと、近松はあの手この手を使って筋書きに工夫を施した。「忠臣《ちゅうしん》蔵《ぐら》」として知られる赤穂《あこう》事件を扱った、1710年初演の『兼好《けんこう》法師物見車《ほうしものみぐるま》』や『碁盤太平記《ごばんたいへいき》』である。

南北朝時代を描いた軍記『太平記』になぞらえて時代設定を移し、大石内蔵助《おおいしくらのすけ》を大星由良之《おおぼしゆらの》介《すけ》とするなど、当事者たちの名前を変えたのだ。1748年初演の『仮名《かな》手《で》本《ほん》忠《ちゅう》臣蔵《しんぐら》』（P22）でも使われた設定だが、実は30年以上前に近松が考案したものだったのである。

規則に従いつつ、作品のエンターテインメント性もしっかり守る。近松のバランス感覚は、現代のクリエーターこそ学ぶべきものだろう。

セカンドウェーブ

並木千柳《なみきせんりゅう》（宗輔《そうすけ》）2

近松門左衛門の死後、浄瑠璃はさらに進化を遂げる。それまで一人で遣っていた人形を、3人で操るようになるのだ。太夫、三味線、人形遣いの技巧も高度になり、より表現力を深めていった。つれて物語もだんだんスケールと複雑さを増し、複数の作者による合作制が始まる。立作者《たてさくしゃ》と呼ばれるリーダーが、全体の構想と構成を決定し、主にメインとなる三段目を執筆。その他の部分をほかの作者が分担するのだ。文楽の三大名作である『菅原伝授手習鑑《すがわらでんじゅてならいかがみ》』、『義経千本桜《よしつねせんぼんざくら》』、『仮名手本忠臣蔵』。これらも合作による作品だ。そして、そのすべての作者に名を連ねているのが並木千柳である。

並木千柳は、当初は豊竹座《とよたけざ》の浄瑠璃作者で、並木宗輔《そうすけ》（宗助）と名乗っていた。封建社会などを題材に多くの作品を書いたのち、一時的に歌舞伎の世界へ。数年後に竹本座《たけもとざ》の浄瑠璃作者として復帰を果たし、名前を並木千柳と改める。三大名作は１７４６年からの3年間に次々と誕生しており、まさに浄瑠璃は黄金期を迎えたといえる。それを支えたのが並木千柳なのだ。

１７５１年、千柳は竹本座から再び豊竹座へ戻る。並木宗輔と改め、『一谷嫩軍記《いちのたにふたばぐんき》』（P48）の執筆にとりかかる。しかし、三段目までを執筆後に死去。四段目以降は宗輔の死後に別の作者が補っている。

『忠臣蔵岡目評判』より
伝 並木千柳
（立命館大学ARC所蔵）

華麗なるジョブホッピング

キャリアアップのために複数回の転職を繰り返すジョブホッピング。現在の日本ではネガティブイメージも否めないが、見方によっては、さまざまな場所で通用する強みを持っているということになる。実は、並木千柳もそんな経歴の持ち主だ。

千柳は、禅宗《ぜんしゅう》の僧侶だった。30歳頃までに還俗《げんぞく》し、浄瑠璃作者となった。しかも、豊竹座でデビュー後、歌舞伎作者を挟み、ライバルの竹本座へ移籍というから驚きだ。そして最後は再び豊竹座へ。

還俗に転職、移籍を繰り返した背景は不明だが、当時の僧侶はいわゆるインテリ。歴史や文芸の学問を修め、社会的な視点も持っていたと考えられる。それゆえに、壮大な時代物を執筆することができたのだろう。千柳の経歴は、確かな才能と実力があったからこその異色のキャリアなのだ。

ジェンダーフリーを目指した？

豊竹座の浄瑠璃作者時代、並木宗輔が多く手がけたのは、女性を主人公にした作品だった。封建社会において社会的に行動できるのは男性で、時代物の主人公が女性であることは珍しい。これには、豊竹座の太夫で経営者でもある、豊竹越前少掾《とよたけえちぜんのしょうじょう》（初代若太夫《わかたゆう》）の芸風が関わっていた。越前少掾は華麗な美声の持ち主。その声質を生かすために、女性が主人公の物語をたくさん書いたのだ。

また、もとは禅宗の僧侶だった宗輔だが、越前少掾と同じ日蓮宗《にちれんしゅう》に改宗している。日蓮宗には女人成仏《にょにんじょうぶつ》の思想がある。元来、仏教では、女性のままでは悟りを開くことができず、いったん男性に生まれ変わってから成仏できるという考えだった。しかし日蓮宗では、すべての人が成仏できると説いているのだ。この女人成仏思想も、少なからず影響を及ぼしていたと考えられる。

サードウェーブ

近松半二《ちかまつはんじ》 3

父は儒学者の穂積以貫《ほづみいかん》。以貫は竹本座の顧問を務めており、近松門左衛門のブレーン的存在だった。師弟関係はないものの、半二も近松門左衛門に傾倒しており、自ら近松の姓を名乗っていた。学者家系でありながら、次男であったためか放蕩生活を送っていたが、二代目竹田出雲《たけだいずも》に入門。竹本座の浄瑠璃作者となり、並木千柳が死去した1751年にデビュー。出雲の死後は座の中心的作者となった。

半二は以貫の影響か漢詩に精通しており、中国の文化にも造詣が深かった。『本朝廿四孝《ほんちょうにじゅうしこう》』（P44）は、その知識を活かした半二ならではの作品である。半二が書いた作品は、現在でも文楽、歌舞伎ともに高い頻度で上演されている。

並木千柳が三大名作を書いた頃、浄瑠璃は隆盛を極めた。しかし半二が立作者になった頃には陰りが見え始めていた。浄瑠璃に押されていた歌舞伎が、浄瑠璃のヒット作をいち早く取り入れるなどして人気を戻しつつあったのだ。半二は浄瑠璃を盛り返そうとさまざまな作品を発表したが、興行は厳しく、1768年に竹本座は道頓堀から撤退した。

その後、竹本座は再起を図る。浄瑠璃の再興を願い、半二が書き上げた会心の作が『妹背山婦女庭訓《いもせやまおんなていきん》』（P14）である。これが狙い通りの大ヒットとなり、ロングラン上演を実現した。

『独判断』より近松半二
（杵築市立図書館所蔵）

アウトサイダーLOVE

近松半二は、謀反人を主人公にした作品を多く書いている。それも、御家を乗っ取る家来レベルの謀反ではなく、国家の転覆を狙うような反社会的な絶対悪である。半二が生み出したのは、冷酷で隙がない、極悪非道の謀反人だ。

いつの時代も、人々の心には少なからずアウトサイダーやダークヒーローへの憧れがある。ストレスや苦悩をひょうひょうと飛び越えて、しがらみやルールを破壊し、ばっさばっさとなぎ倒していく彼ら。その振り切れっぷりに、人々はつい羨望のまなざしを向けてしまうのだろう。

当時、江戸幕府による圧政に苦しんでいた庶民にとっても同じことだったに違いない。権力に立ち向かい、日頃の鬱憤を晴らしてくれる存在として、半二の描く謀反人ドラマは人々に支持されたのだ。

トラキチ現象を起こした？

半二は次第に江戸幕府を仮想敵にした作品を手がけるように。題材は旧敵の豊臣秀吉《とよとみひでよし》や豊臣家が多く、秀吉の一代記は「太《たい》閤《こう》記《き》」、大坂の陣を描いたものは「難波戦記《なんばせんき》」と呼ばれた。

当時、幕府を批判する作品は上演できないため、設定を鎌倉時代に移すなど工夫されているが、観客は当然それを分かって観ている。特に、太閤記や難波戦記は豊臣家を慕う大坂の人々の心のよりどころになった。

次々と上演した反幕府物が評判を呼び、大坂以外からも多くの人々が観に来た。その結果、日本各地の農村歌舞伎（地芝居）で、半二の作品が上演された。大坂から地方へ広がったのである。

まるで、トラキチ＝阪神タイガースファンのごとし。ホーム以外にも多くのファンを作り、社会現象を巻き起こしたのだ。

日本初のモルトウイスキーから ノーベル物理学賞まで

文楽を愛した偉人たち

歴史に名を刻む偉人たちの中にも文楽ファンがいた。彼らの功績と、文楽が与えた影響について探ってみよう。イラスト／ Bernd Schifferdecker

鳥井信治郎

【とりい・しんじろう】

サントリーホールディングス株式会社 創業者

1879 – 1962

大阪商人の成功の鍵は洗練された話術にあり

日本人の味覚に合わせた赤玉《あかだま》ポートワインの製造、初の国産ウイスキーを世に出すなど、日本の洋酒文化の礎を築いた鳥井信治郎。今や世界的ブランドとなったサントリーの創業者である。「やってみなはれ」の口癖が表す、失敗を恐れないチャレンジ精神は、画期的な商品や斬新な広告を生み出した。

江戸時代、大坂の丁稚《でっち》は人《にん》形浄瑠璃《ぎょうじょうるり》（文楽）を観て言葉を磨いていたという。商人のあいさつや敬語、商売における掛け合いを学んでいたのだ。大阪の商家に生まれた鳥井信治郎も若い頃から文楽に親しんでいた。信治郎が13歳から丁稚に出ていた薬種問屋と、当時文楽を上演していた御霊《ごりょう》神社は徒歩圏内。丁稚時代に一人前の会話術を身につけたことが、のちの成功にも影響を与えたに違いない。

湯川秀樹

【ゆかわ・ひでき】

物理学者

1907－1981

ノーベル賞学者が心酔した近松門左衛門の独創性

原子核の内部において、陽子《ようし》と中性子《ちゅうせいし》を結合させる中間子《ちゅうかんし》の存在を予言。1949年に日本人初のノーベル賞を受賞した。

幼少から多くの本を読んでいた湯川秀樹。特に小学から中学時代は、近松門左衛門《ちかまつもんざえもん》の浄瑠璃に夢中だった。著書『本の中の世界』で、湯川は近松の独創性についてこう記している。

「ある形がきまってしまっていて、そのままそれを絶対的なものとして認めるほかないとあきらめる限り、そこからクリエーティブなものは出てこない」。

湯川の中間子理論は、当時の物理学の常識を覆すものだった。受賞に至ったのは発表から14年も後のことだ。世間の常識やタブーにとらわれず、自分の創造性を解き放つこと。近松の浄瑠璃が、湯川の学者としての探究心を支えたのかもしれない。

高田屋嘉兵衛

【たかたや・かへえ】

廻船業者

1769－1827

言葉や人種の壁を越える文楽が育んだ人間力

高田屋嘉兵衛は国後《くなしり》・択捉島《えとろふとう》間の航路を開拓した海運王だが、当時のロシアとの和解に貢献したことでも知られる。

鎖国中の日本が交易を拒否したため、ロシア人使節が樺太《からふと》などを攻撃。報復として、幕府は測量をしていたロシア船艦長を捕縛する。その艦長を救うため、副官リコルドが嘉兵衛の乗る日本船を拿捕したのだ。人質となった嘉兵衛は、日露を和平へ導こうと決意。リコルドとの信頼関係を築き、見事に解決した。

嘉兵衛は浄瑠璃が盛んな淡《あわ》路島《じしま》出身で、拿捕された際も浄瑠璃本を離さなかった文楽好き。言葉が通じずとも、人間性でリコルドを魅了した。嘉兵衛は満足な初等教育を受けていなかったが、文楽を通じて表現力やコミュニケーション力といった人としての素養を学んだのだ。

ほろ酔い対談

私を文楽に連れてって

文楽デビューしたばかりの荒川由貴子さんと、文楽の〝先輩〟である嶋浩一郎さん。国立劇場での観劇後、2人はしっぽりアフタートーク。文楽の楽しみ方から人生訓まで、徐々に熱を帯びていった。

写真／濱田英明　撮影協力／STAR BAR

嶋 浩一郎
博報堂ケトル代表取締役社長。文楽歴は約20年。竹本織太夫との親交も深い。

荒川由貴子
編集者。マガジンハウス勤務。文楽で好きなキャラは『妹背山婦女庭訓』のお三輪《みわ》。

嶋　今日で文楽は何回目？

荒川　5回目ぐらいです。最初は「理解しなきゃ！」って身構えていたんですけど。嶋さんに「近松門左衛門《ちかまつもんざえもん》は、現代でいう秋元康《あきもとやすし》」って教えていただいてから、気持ちがほぐれて。楽しめるようになってきました。ツッコんでもいいんだな、と。

嶋　恋愛とかスキャンダルを描いている世話物は、当時のワイドショーだからね。ああだこうだツッコミながら観たらいい。ダメ男ばっかり出てくるしね。

荒川 「嘘でしょ?」ってツッコんじゃう。『桂川連理柵《かつらがわれんりのしがらみ》』では、いい歳したキャリアある男性なのに、魔が差して14歳の女の子とデキちゃうとか。みんな、うっかりしてますよね。素直に生きてる。ピュアですよね(笑)

嶋 脇が甘いところが憎めない。

荒川 しかも申し訳ないから一緒に死のうって。失敗したらすぐ切腹したり、心中したりする。

嶋 そういう現代人の感覚とズレてるところもおもしろいよね。

荒川 恋愛に悩んでいる子に言いたいですね、今の時代に生まれてよかったねって(笑)。でも逆に言えば、死と隣り合わせじゃないから、今の男性はちゃんとしないんだなと思いました。江戸時代の恋愛の一球入魂ぶりを見せてやりたい。

嶋 優柔不断な男と一緒に観に行って、「本気度が違うんだよ」「命が懸かってんだよ」と間接的に詰め寄ってみたりしてね。

文楽の時代物は池井戸作品と同じ

荒川 今日観た『妹背山婦女庭訓《いもせやまおんなていきん》』は時代物なんですよね?

嶋 そう。時代物は大河や企業ドラマ。上司への恩義とかコンプライアンスとか。『島耕作《しまこうさく》』や『半沢直樹《はんざわなおき》』の世界だね。

荒川 『妹背山婦女庭訓』でも入鹿《いるか》のパワハラに反旗を翻してましたね。

嶋 池井戸《いけいど》作品に通じる「中央VS地方」の構造だね。巨悪に立ち向かって、ジャイアントキリングを起こそうとする。まさに『半沢直樹』の倍返しだよ。『妹背山婦女庭訓』は近松半二《ちかまつはんじ》が作者なんだけど、半二がこれを書き上げるまでを題材にした小説『渦《うず》 妹背山婦女庭訓 魂結び《たまむすび》』(第161回直木賞受賞)があって。読んでから文楽を観ると、さらにおもしろくなるよ。

荒川 絶対読みます! 企業ドラマって思うと、もっと時代物も観たくなりますね。

嶋 時代物は、意外と現代人が学べるところもあって。例えば、『妹背山婦女庭訓』で、息子と娘を差し出す決断をしなきゃいけないところ。家としての究極の選択。文楽の登場人物は、毎回背水の陣状態で決断しなきゃいけないんだよね。今だったら、写真もすぐ撮り直せるし、アプリで修正できる。買った物も、気に入らなかったらメルカリで売ればいい。1回ごとの決定が甘くなってるというか。

荒川 確かに。1回の選択に気合いが入ってない。今は選択そのものをしない人もいますよね。

嶋　選択を真剣にしたら、人生はよりおもしろくなるはず。結婚に踏み切れない男とか、「私にはもっといい人がいるかも」って言ってる女性とかね。

荒川　つらい！（笑）文楽だとライバルが出てくるし、白黒はっきりするのがいいですね。命懸けだし。だから清々しい。

江戸時代よりはるかに便利にはなったけど……

嶋　ライバルといえば、男同士のライバルが結構出てくるよね。ただの敵じゃなくて、お互いをリスペクトしてる。『絵本太功《えほんたいこう》記《き》』（P36）で武智光秀《たけちみつひで》が敵に急襲されたときも、敵将の真柴《ましば》久吉《ひさよし》がここは見逃してやるから戦場で会おうと言う。ルパンと銭形警部《ぜにがたけいぶ》のような絶妙な関係。

荒川　『スラムダンク』の桜木《さくらぎ》花道《はなみち》に流川楓《るかわかえで》がいるように？

嶋　ライバルがいるから成長できる、みたいな。仕事においても大切なことかもね。

荒川　そうですね。女性同士は男性と違って爽やかな関係性にはならないかもしれないけど（笑）、ライバルはモチベーションになりますよね。仕事に置き換えて考えると、文楽に登場する人の報連相《ほうれんそう》のできなさっぷりが気になって（笑）。報連相を怠ったばっかりにすれ違って人が死ぬ！　通信手段がないから仕方ないけど。もうそこは現代のテクノロジーに感謝ですね。

嶋　今はメールもスラックもあるからすれ違いようがない。

荒川　「言った」「言わない」が極力なくなるようにできているからいい時代です。江戸時代はあらぬ噂を一度流されてしまったら、それを鎮める方法がない。「私の方が先なのに」とか、証拠も残ってないし。

嶋　抜かりなくやらないと取り返しのつかないことになるんだよね。現代人はLINEの誤送信とかしてる場合じゃない。そして取り消し機能をありがたがってる場合じゃない（笑）

荒川　技術が進化したおかげで、使う側が抜かってしまうという。

嶋　今はツールも情報も多すぎて、本末転倒な現象が起きるんだよね。本質が分からなくなる。プライベートでも仕事でも、そういう人は多いと思う。文楽だと、最後に一番大切なものに気づく描写が多くて。『義経千《よしつねせん》本桜《ぼんざくら》』（P30）のすしやの段で、放蕩《ほうとう》息子が自分の妻と子どもを犠牲にして親孝行するシーンとか。『菅原伝授手習鑑《すがわらでんじゅてならいかがみ》』（P26）の寺子屋で、敵方に仕えてたけど、最後は恩義に報いるとか。結局自分にとって何が一番大事で、誰のために働きたいかっていう決断が観られる。

荒川　先ほどの話じゃないですけど、命懸けの選択を積み重ねていったら、最後には大事なものが残るってことですよね。

嶋　（張本勲《はりもといさお》風に）決められない大人に喝だ！

荒川　喝！　人生は選択の連続。決められない大人は文楽に行くべきですね（笑）

ここぞで使える、文楽トリビア～ン

デートの会話を盛り上げたいとき、社長との接待を成功させたいとき
知っておけば役立つかもしれない、文楽トリビアをどうぞ！

仕事に差がつく声の出し方

プレゼンを成功させるために大切なのは、大きな声で話すこと。その点、文楽の太夫《たゆう》は準備万端だ。大きな声を出すために、お尻に小さな椅子を敷いて前傾姿勢をキープ。腹式呼吸ができているかの目安に下腹部に小豆の入った袋をしのばせ、大きな声を出しすぎて脱腸しないために腹帯まで巻いている。

デキる男は裁縫男子だった

人形遣い《にんぎょうつかい》のリーダーである主遣《おもづか》いは人形の衣裳の着付けも自ら行う。着付けで人形の遣いやすさが変わるため、男役ならカチッと、女役はふっくら仕上げるそうだ。また、自分の手袋や黒衣《くろご》の頭巾を縫うこともあり、専用の裁縫バッグをいつも持ち歩いているといい、裁縫バッグ自体を手縫いする人もいるほど。

あのお座敷遊びの由来

ビジネスパーソンたるもの、お座敷遊びも心得の一つ。お座敷遊びの定番「とらとら」は『国性爺合戦《こくせんやかっせん》』（P18）の名場面から生まれたジャンケン。芸鼓さんと客がふすまを隔て、和藤内《わとうない》・おばあさん・虎のいずれかのポーズを取って現れるというもの。和藤内は虎に勝ち、おばあさんに負ける。

鮨屋接待ではこのネタを

11月1日はすしの日。これは『義経千本桜《よしつねせんぼんざくら》』（P30）で、源氏《げんじ》の追っ手から逃れるため、鮓屋にかくまわれていた平 維盛《たいらのこれもり》が「弥助《やすけ》」に改名した日だといわれる。ちなみに、鮓屋のモデルとなったつるべすし 弥助は日本最古の鮓屋として奈良県下市町《しもいちちょう》で現存。あべのハルカス近鉄本店のデパ地下にも支店がある。

人生は二択の連続である

三味線の皮選びも二択である。文楽の三味線の胴部分に猫の皮を張る人もいれば、犬の皮を張る人もいる。猫の皮はマイルドで繊細な音が出るとされ、犬の皮は厚くて丈夫なんだとか。どういった経緯で2種類の皮が採用されたかはニャンともわからないが、どちらを使ってもワンダフルな音色が出る。

いい仕事は気づかれない

プロジェクトでは、自分の担当以外の仕事内容を理解しておくことも大事。舞台のセットを手がける大道具スタッフは、上演中も舞台袖にいて、家の障子を開けたり、川の流れを表現するために布をはためかせたりする役割も担っている。太夫のセリフを確認しながらタイミングを計っているのだとか。

江戸時代のマルチタスカー

マルチタスクができる人はアイデアマンでもある。エレキテルを発明した平賀源内《ひらがげんない》もその一人。発明家、本草学者、地質学者、蘭学者、医者などさまざまな顔を持ち、鰻屋の「土用《どよう》の丑《うし》の日」というキャッチコピーも考案。その源内は“福内鬼外《ふくうちきがい》”のペンネームで浄瑠璃作者としても活躍した。

一言添えると株が上がる？

京都旅行のおみやげといえば、原了郭《はらりょうかく》の黒七味だろう。実は原了郭の創業者は『仮名手本忠臣蔵《かなでほんちゅうしんぐら》』（P22）で原郷右衛門《はらごうえもん》として登場する赤穂《あこう》浪士の一人、原惣右衛門《はらそうえもん》のご子息。黒七味は創業以来、一子相伝の製法で味を守っているのだ。上司におみやげを渡すときはエピソードを忘れずに！

お好み焼
オモニ
TEL
6717
0094

織太夫印の新定番。接待する店される店

接待店の手札は、ビジネスにおいて武器になる。いい接待店とは、相手に喜んでもらえるうえに自分の学びにもなる場所なのだ。　写真／濱田英明

「もんじゃは酸味を足すとおいしい」という考えから生まれた、定番のレモンじゃ1,320円。織太夫はシメに必ず注文する。

イノベーションを学ぶなら

おそうざいと煎餅もんじゃ さとう

東京・代々木上原

リズミカルに“刻む”もんじゃ

さとうのもんじゃは、しょっぱなからこちらの思い込みを覆す。鉄板に土手を作らず、具を混ぜ合わせた生地をのばしコテで刻む。こうすることで野菜の水分を飛ばすと同時に素材の旨みがよく出るのだ。赤キャベツ、干しエビ、切りイカ、天かすの食材は固定し、それ以外は自由な素材使いでメニューを考案。夏はイカ墨ごはん入り石垣《いしがき》島《じま》もんじゃ、冬は牛すじとビーツ、サワークリームのロシアもんじゃなど、さまざまな料理に精通する店主ならではのユニークな顔ぶれだ。固定観念にとらわれない発想力を見習おう。

さとう

どのもんじゃも、生地を薄くのばしてパリパリの煎餅を作ってもらえる。チャージ3%。●東京都渋谷区富ヶ谷1-9-22 守友ビル1F ☎03-6804-9703 12:00～14:30(LO)、17:00～22:00(LO) 月曜休 禁煙 カード可 小田急線代々木八幡駅、東京メトロ代々木公園駅より各1分

ザ・ウイスキー・フープの1990ハイランドパーク、ヘルムズデールオリジナルボトルのグレンバーギー20年など希少銘柄がそろう。

クラシックを学ぶなら

ヘルムズデール

東京・南青山

タリスカーとハギスの蜜月

大人として伝統や古典を知ることは大切だ。ウイスキーが数百本並ぶ、港区のスコティッシュパブはまさに大人の社交場。本場のパブさながらの温かみのある雰囲気のなか、ハイボールとともにオーダーしたいのは、スコットランドの伝統料理・ハギス。羊の胃袋に肉と内臓、タマネギ、香辛料、カラス麦を詰めて蒸したもので、現地ではソウルフード的存在。蒸したてのハギスにタリスカーをどばどばとかけて、マッシュしたカブやポテトと混ぜて食べる。野趣あふれる旨みとスモーキーな風味が絡む、マチュアな味わいだ。

ヘルムズデール

ハギス1,100円、タリスカーソーダ1pint 1,210円。チキンカレーも隠れた名物。ノーチャージ。●東京都港区南青山7-13-12 南青山森ビル2F ☎03-3486-4220 18:00～翌2:00（日曜は～0:00 ※食事提供なし、バーのみの営業）土曜休 禁煙 カード可 東京メトロ広尾駅より15分

アンミカスペシャル(1,400円)はホルモン入りうどんモダンに、キムチ、ネギ、生地の内と外に玉子をトッピングするお好み焼き。

つかみを学ぶなら

オモニ

大阪・鶴橋

最高のつまみは最高のつかみに

3秒や10秒と説はいろいろあるが、第一印象は瞬間で決まる。何事においてもつかみは重要だ。こなもん接待でつかむならば、迷わずオモニへ。アンミカスペシャル、赤井《あかい》英和《ひでかず》スペシャルなど有名人の名前が冠された20種以上のお好み焼きに目移りしつつ、まずはとん平を注文すべし。小麦粉は使わず、豚バラの両面を2枚の薄焼き卵で挟む。ソースとマヨネーズを塗ったシンプルな一品だが、食欲をそそる香りとアテにいい軽やかな食感で心はわしづかみに。「何を食べても絶対うまい」と早々に信頼を勝ち得ることができるのだ。

オモニ

とん平450円。織太夫はゲソ塩やとん平を前菜に、すじ肉ポッカと油カス玉をメインデッシュにする。お好み焼きはトッピングを自由自在に組み合わせられる。●大阪府大阪市生野区桃谷3-3-2　☎06-6717-0094　11:30〜23:00　月曜休　カード不可　JR・近鉄鶴橋駅より10分

「僕自身も作るより食べる派なので(笑)、食べたい気持ちに応えたい」と店主の日《ひ》野《の》由堂《よしたか》さんは屈託のない笑顔をみせる。

気配りを学ぶなら

由堂

大阪・東心斎橋

優しさとだしがじんわり染みる

なにわ割烹出身の店主によるおでんは、カツオと昆布に鶏ガラスープを合わせた呑み助のだしに、素材ごとのベストなしゅみ加減。柳川《やながわ》煮《に》を思わせる穴子とごぼうなど、日本料理の丁寧な仕事が光る。特筆すべきは、食材があれば品書きに無い要望にも応えてくれる懐の深さ。わがままな美食家にはノドグロのウニのせ、シメにはカレー味のどて焼きをご飯と一緒にサーブ。「大阪らしいもの」のむちゃぶりには、大阪湾に見立てただしに淡路島《あわじしま》産のハモとタマネギを浮かべるプレゼンテーションまで。パーソナライズの鑑だ。

由堂《よしたか》

のどぐろウニのせ2,750円～、おでんの半熟玉子440円、鱧とたまねぎ1,650円～(夏期限定)、どて焼カレー935円。●大阪府大阪市中央区東心斎橋2-8-5 日宝ニューグランドビル2F ☎06-6210-3845 19:00～翌1:00(LO) 月曜休 カード不可 Osaka Metro心斎橋駅より7分

織太夫のてみやげ手帖

ビジネスの場でも役立つ、贈る相手や季節を意識した織太夫のテッパンをご紹介。
写真／コーダマサヒロ

1 北由食品のさんさ漬

老若男女に喜ばれる泉州の水なす

契約農家から仕入れる朝採れの水なすは、アクが少なく生でも食べられるほど。その日のうちに漬けるのでみずみずしい。冷蔵で約4〜5日間保存可能。届いた翌日はサクサク、その翌日は少ししんなりと食感の違いも楽しめる。旬を味わえるよう、織太夫が注文するのは必ず5〜6月。ポリ袋5個入り2150円

北由食品《きたよししょくひん》

泉州水なすのぬか漬け“さんさ漬”の注文は電話、FAX、ホームページにて。店頭でも購入可。
●大阪府貝塚市福田61-2
☎0120-321-708 9:00〜17:00
土・日・祝休(4〜8月の電話注文は無休) www.kitayoshi.co.jp

2 花錦戸のまつのはこんぶ

食通をうならせる高級昆布

道南産の天然真昆布を使用し、すっぽんのだしで炊いた贅沢な塩昆布。松の葉のように細く刻まれた昆布は、口に入れると上品な塩気と旨み、山椒の風味がいっぱいに広がる。ご飯のお供に最適。文楽の初春公演に上演されることの多い松羽目物とかけて、織太夫は1〜2月に贈ることが多い。1袋75g入り2160円

花錦戸《はなにしきど》

すっぽん料理が味わえる老舗料亭。まつのはこんぶは阪急百貨店・髙島屋で取り扱い。店舗での購入&電話注文可。●大阪府大阪市西区江戸堀1-23-22
☎0120-70-4652 11:30〜14:00
17:30〜21:00 日・祝・第3土曜休

3 岸澤屋の黒豆甘煮

暮れのごあいさつにぴったり

昔ながらの製法で炊いた丹波《たんば》産黒豆は、顔が映るほどツヤツヤ。ふっくらとやわらかな食感で、自然な甘みが広がる。日本酒やウイスキーとも相性がよく、冷やして食べるのもひんやりとして美味。織太夫のおすすめは、ミルクアイスとの組み合わせ。香ばしさとコク深さがたまらないおやつだ。1本1620円

岸澤屋《きしざわや》

黒豆甘煮は、明治時代に旅館を営んでいた当時から評判だった。甘煮以外にも、煮豆や佃煮などをそろえる。電話注文可。
●大阪府大阪市中央区心斎橋筋1-3-6 ☎06-6271-5044
9:00〜17:00 日・祝・第3土曜休

4

絶対にはずさない大阪みやげ

551蓬莱の豚まん&アイスキャンデー

「551の豚まんがあるとき～」のCMでおなじみ、関西人のソウルフードといえる豚まん。ジューシーで旨みあふれる具とほんのり甘く弾力のある生地が抜群の相性だ。豚まんを上手に温められる、551オリジナルの電子レンジ専用セイロも合わせて贈るのが織太夫流。どこか懐かしい味わいのアイスキャンデーは、フルーツやパイン、アズキなど定番が6種。夏に季節限定の味も登場。豚まん1個190円、アイスキャンデー1本130円

551蓬莱《ほうらい》

大阪府内を中心に、関西圏に58店舗を展開。看板商品の豚まんは1日約17万個を手作りする。店舗での購入のほか、電話、FAX、オンラインショップでも注文可。
☎0120-047-551　9:00～19:00
無休　www.551horai.co.jp

5

健康志向の方に画期的な一品

千房のグルテンフリーお好み焼(豚玉新味)

お好み焼きの名店、千房から革新的な商品が登場。それは、国産米粉とお米由来の新食材・ライスジュレを使ったグルテンフリーの冷凍お好み焼き。お米独特の風味を抑えた生地は、小麦粉不使用と思えないほど軽やかでふわふわ。電子レンジで温めて食べられる手軽さもうれしい。千房ソースやあおさのりも付いているので、家庭でお店の味が楽しめる。織太夫いわく、「美容意識の高い女性や一人暮らしの方に喜ばれます」。1枚540円

千房《ちぼー》

国内外に70店舗以上を展開するお好み焼き専門店。グルテンフリーお好み焼(豚玉新味)をはじめ、千房のたこ焼、焼そば、お好み焼などの商品はオンラインショップにて購入可。
chibo-netshop.com

6

おはぎ好きにこそ贈りたい

玉製家のおはぎ

1899年創業、連日行列が絶えないおはぎ。気温や湿度によって仕込み方を調整するご主人の職人技と、優しく親切な奥様の接客が人気を支える。手間暇を惜しまない餡作りから注文を受けておはぎを握るところまで、すべて手作業。しっとりなめらかで塩気の利いたこし餡、小豆の味わいが際立つつぶ餡、餡の入っていないもち米をくるんだ香り高いきな粉の3種がそろう。国立文楽劇場からも近く、織太夫も長年のファン。6個入り972円

玉製家《ぎょくせいや》

きな粉は当日限り、こし餡とつぶ餡は翌日の午前中までおいしくいただける。店頭でのみ購入可。早めの来店がベター。●大阪府大阪市中央区千日前1-4-4
☎06-6213-2374　14:00～売り切れ次第終了　木・日・祝休

小泉進次郎は
自民党、落語党、文楽党でした

写真／濱田英明
撮影協力／国立劇場

東京公演のたびに劇場へ足を運ぶ文楽好きとして知られる小《こ》泉《いずみ》進次郎《しんじろう》さん。この日も『妹《いも》背山婦女庭訓《せやまおんなていきん》』を観に国立劇《こくりつげき》場《じょう》を訪れた。幕間に、小泉さんに文楽の魅力を聞いた。

「職業病に近いのかもしれませんが、語る芸や言葉のプロにすごく興味があるんです。言葉を使ったプロの芸に触れたいという思いが強い。だからもともと落語が好きなんです」

小泉さんを文楽に誘ったのは、ライフネット生命保険の創業者・岩瀬大輔《いわせだいすけ》さん（P８）。次世代を担うグローバルリーダーが一堂に会するG１サミットで、「今年の目標は、小泉進次郎さんを文楽に連れていくこと」と公言したのだ。小泉さんは、それまで文楽を観たことは一度もなかったという。

「初めて観ておもしろいなと。でも最初は混乱しましたね。上手の太夫《たゆう》さんを見ればいいのか、三味線さんなのか、正面にいる人形遣《にんぎょうつか》いの方を見るべきか。太夫の語りを表示する字幕もある。見るところがたくさんあって忙しいんですよ。語りも理解したい、人形も見たい。今は、この場面はここを見ようって、自分なりに取捨選択できていますね」

文楽は分からなくてもいい 没頭しなくてもいい

敷居が高い、難しいというイメージがつきまとう文楽だが、これから文楽を観る初心者に小泉さんはこうアドバイスを送る。

「初級文楽ファンの僕からは、『分からなくてもいい』と言いたいです。僕だってまだ全然分からない。ただ、分からないことを恐れずに、毎回イヤホンガイドで解説を聞きながら観たらいいと思うんです。１回行って何か一つでも分かるのが楽しみ、ぐらいに気負わず。これは小話になりますが、太夫さんって実は正座ではなくて、クラウチングスタートに似た姿勢なんですよね。大きな声が出るようにちょっと前傾気味。しかもお腹に帯を巻いていて、それは脱腸しないためだっていう。そんなに力こめるんだって驚いて。この話を知るだけでも見方が変わりますでしょ？」

語りの言葉でも三味線の音色でも、人形の衣裳でもいい。注目する点は人それぞれ。文楽をどう楽しむかは自由なのだ。

「こんなこと言っちゃうと怒られるかもしれないけど、文楽を観ながら考え事してるときもあるんです。場の空気を楽しみながら、ぼやーっといろんな物事に考えをめぐらせる。観劇中はいわば仕事からエスケープするまとまった時間。だけど仕事のことを考えてもいる。この本にふさわしくない文楽ファンですね（笑）。でもこれから文楽を観る方にはあえて。舞台に没頭しなくてもいいから、文楽ならではの異次元空間の魅力を感じながら、自分らしい時間を見つけてみてはって。すごく贅沢ですよね」

落語との違いやつながりが文楽をさらにおもしろくする

小泉さんがもともと好きな落語だが、文楽を観るようになってから、両者の違いや意外なつながりを知ることになった。そこに日本の伝統芸能の魅力と奥深さを改めて発見し、相乗効果で楽しみは増えるばかりだ。

「落語は同じ演目を観られる機会が多いし、毎年かかる定番がある。でも文楽は違って、15年ぶりの上演なんていうのもわりと普通のことですよね。しかも東京での本公演は年4回のチャンスしかない。どの作品を観られるかってまさに一期一会なんです。もしかしたら一生に1回こっきりの演目かもしれない。運というのか、今の自分が観られたのはこの演目なんだっていう、その偶発的な出会いみたいなものも文楽の魅力かもしれないですね」

さらに、文楽ならではの人形の素晴らしさについて、魔力という言葉で表現する。

「例えば心中とか殺人とか、特におどろおどろしい場面のとき。人形の持つ魔力ってあるんですよね。刀で首を落とす瞬間。なぜか生身の人間が演じているよりもはるかに惨《むご》たらしくて、つい目を背けたくなってしまう。これは人形にしかない魔力だと思いますよ。文楽が放っている妖しさ、それはやっぱり人形の力も大きいですよね」

落語から文楽の知識や演目についての理解を得ることもある。小泉さんは、その行き来を楽しんでいる。

「3色に染めた縦縞の、舞台の定式幕《じょうしきまく》がありますよね。幕が開くとき、文楽は客席から見て上手から下手に開くんですよ。でも歌舞伎は逆。そんな豆知識を落語から教わったりしてね。それから、まさに昨日なんですが、立川志《たてかわし》の輔《すけ》さんの落語『中《なか》村仲蔵《むらなかぞう》』を聴きに行っていたんです。そもそもは文楽の演目である『仮名手本忠臣蔵《かなでほんちゅうしんぐら》』の中のお話ですよね。僕は落語の噺《はなし》のなかで、『中村仲蔵』が特に好きなんです」

『中村仲蔵』とは、『仮名手本忠臣蔵』の五段目に登場する斧《おの》定九郎《さだくろう》をめぐるストーリー。五段目は弁当幕《べんとうまく》と呼ばれ、見どころである四段目と六段目の間にある、一息つくような位置付けの場面だった。斧定九郎は、通りすがりに人を殺して金を奪う山賊。いわば端役である。それを歌舞伎俳優、中村仲蔵が新たな解釈と演出で斧定九郎を演じることで大成功。一躍スター役者にのぼりつめるという展開だ。

「『仮名手本忠臣蔵』の五段目と『中村仲蔵』は切っても切れない関係。文楽を題材にした落語ですからね。落語の『中村仲蔵』を好きになっ

たことをきっかけに、文楽の『仮名手本忠臣蔵』を改めて観たいし、歌舞伎ももう一度観たくなる。文楽も落語も歌舞伎も、つながっているんですよね。だからますますおもしろいんです」

不思議な縁で結ばれた織太夫との関係性

織太夫襲名の際には、「六代目織太夫の襲名を祝う会」の発起人も務めた小泉さん。織太夫とはプライベートでも親交が深い。行きつけのレストランでカレーを食べながら語らったり、小泉さんが地元の横須賀《よこすか》を案内したりと、毎度さまざまな話に花を咲かせているという。

2人が親しくなったのは、生まれ育ってきた環境が重なるゆえかもしれない。政治家一族に生まれた小泉さんと、代々続く文楽の家に生まれた織太夫。どちらも若い人に人気とは言えない分野だ。太夫として、友人として、小泉さんは織太夫をどんな風に感じているのだろう。

「政治も文楽も、理解されにくい世界ですからね。感じ合うものがあったのかもしれない。お互いに、どうやって若い人に関心を持ってもらおうかという話はよくしますね。織太夫さんはプライベートでも舞台とある意味同じで、語り出したら止まらない（笑）。本当に文楽が好きなんだなって分かります。細部へのこだわりもすごいし、舞台の裏側でどれだけの努力を積み重ねているんだろうって。尊敬しますね。僕にとっては最高の文楽の家庭教師ですよ。いつも、あれはどうなっているんですか、このストーリーはどういうことですかって質問して。織太夫さんの弟で三味線を弾かれている鶴澤清馗《つるさわせいき》さんもそうですね。一度、太棹の三味線を教わったことがあって。普通に音が出ているだけでどれだけすごいことなのかを痛感したんです。舞台にいる三味線さんの見方が変わりましたね。僕は、織太夫・清馗兄弟に文楽の魅力を多角的に教えてもらっているんです」

小泉さんの祖父・純也《じゅんや》さんと、織太夫の祖父にも不思議な縁があった。政治家と海軍航空技術廠《かいぐんこうくうぎじゅつしょう》の技術者という違いがありながら、横須賀に建つ自宅が背中合わせで交流があったそう。

「僕もその話を聞いてびっくりしました。出会うべくして出会ったというんでしょうかね。僕はいつまで政治家をやるかは分からないですが、織太夫さんはきっと生涯の太夫。年の積み重ねとともに、どんな芸になっていくのか。それを見つめ続けられる楽しみを、これからも味わいたいですね」

こいずみ・しんじろう
1981年生まれ、神奈川県横須賀市出身。関東学院大学卒。米国コロンビア大学大学院にて政治学修士号取得。米国戦略国際問題研究所（CSIS）を経て、2009年より衆議院議員を務める。2013年、内閣府大臣政務官兼復興大臣政務官に就任。2019年9月、環境大臣兼内閣府特命担当大臣（原子力防災）に就任。

六代目竹本織太夫がインスピレーションを受けた六つの生き方と、そこからビジネスパーソンが学べること

竹本織太夫も舞台を下りれば、人生の充実期を迎える一私人。これまでどんなことに刺激を受け、何を学んできたのか。織太夫の人生哲学を知れば、働き方のヒントが見つかるかもしれない。

写真／渡邉肇　イラスト／高橋将貴

1

鴨長明から学んだ 変わらないために変わる

「ゆく河の流れは絶えずして、しかも、もとの水にあらず」。鴨長明《かものちょうめい》は随筆『方丈記《ほうじょうき》』で、変わらないように見える京の街並みも、実は住居も住民も時の流れとともに入れ替わっており、「昔ありし家は稀《まれ》なり」と綴っていました。変わらないようでいて変わっているのは人間も同じです。ヒトの細胞には元のものと同じものを作るプログラムが組み込まれています。なので、見た目は変わりませんが、細胞レベルでは数カ月でそっくり新しいものに入れ替わっているのです。つまり、「変わらない（＝存続する）ために変わる」ということ。

2018年、豊竹咲甫太夫《とよたけさきほだゆう》から六代目竹本織太夫を襲名しました。これからは代々の織太夫の芸を受け継ぐために、私自身が変わっていかなければなりません。こうした存続のための変化は、企業のブランディングにおいても見ることができます。例えばルイ・ヴィトンは、もともと旅行用のトランクを作る工房でしたが、質の高いものづくりで高級バッグの代名詞となりました。しかし、その人気にあぐらをかくことなく、現代アーティストやストリートブランドとコラボレーションしたり、最近ではヴァージル・アブローをデザイナーに招聘《しょうへい》したりと、常に新しい風を吹き込んでいます。変わることで一流ブランドとしてのポジションをキープし続けているのです。

変わることには体力やエネルギー、胆力が必要です。腹を据え、柔軟かつタフでいる。私もそんな人間であり太夫でありたいと思っています。

2 糸井重里から学んだ 言語感覚

太夫として、とても参考になった糸井重里さんの言葉があります。それはいつでも言葉は時代とともに変化していくということ。例えば「粋《いき》」や「鯔背《いなせ》」も、江戸時代の流行語であり、当時新しく生まれた言葉です。それまで存在している言葉では自分の気持ちは表せない、だからそれに似合う新しい言葉を生み出すのだと。あるいは、「かわいい」という言葉について。なんでも「かわいい」で済ませる若者は語彙力が乏しくて、日本の文化をダメにしているなんて言説もあります。ですが、言葉は意味だけでなく、その言い方、つまり音との掛け算で成り立っているということ。言い方によって、意味以上のものが相手に伝わることがあります。それは歌と同じだと。この指摘は、語りで感情や景色といったあらゆるものを表現する太夫にとって、大変学びになりました。

日々新しく生まれている若者言葉。正しい日本語を使いなさいと顔をしかめる大人もいることでしょう。しかし、ある若者が海を見て「エモい」と言うとき。それは「素晴らしい」でも「美しい」でもなく、その若者にとっては「エモい」が一番しっくりくるということなのだと思います。先述したように、従来の言葉では的確に表現できないのです。SNSにはそんな言葉があふれています。そしてそれはインサイトを見つけるヒントになります。言葉には本人も意識していない欲望が隠れているのです。なぜその言葉が生まれたのか。隠された心理を見つけることが、ビジネスチャンスにつながるのではないでしょうか。

3 みうらじゅんから学んだ 自分なくし

みうらさんの説く生きるテクニックに「自分なくし」があります。人間は他人の機嫌を取りすぎると「なんで俺は他人のことばかり考えているんだろう」と落ち込み、「自分探し」を始めてしまう。それより「自分なくし」を身につけた方が得だと提唱しているのです。例えば、みうらさんが昔から好きだというものまね芸人がいい例です。上手なものまね芸は「自分をなくすこと」がちゃんとできている「自分なくし芸」である。それに比べ、素人の中途半端なものまねは目も当てられません。なぜならそれは、「自分をキープしたままの〝ものまね〟だから」。これは、私のように芸を受け継ぐ者にとって一つの極意です。自分が培った表現に固執せず、長い間評価されてきた先人たちの表現を一度受け入れること。芸の継承に大事な心構えを改めて気づかされたのです。

ビジネスの世界でも同じではないでしょうか。自分をキープすることに凝り固まっていては、柔軟な発想も行動もできません。また、多くの先輩たちが積み重ねてきたノウハウというものがあります。壁にぶつかったとき、具体的にどう対処するか。たくさんの人が経験してきた「こんなときどうする?」の解決策が詰め込まれているのです。がむしゃらに自分流を貫くよりも、一度型にはまってみる。自分をまっさらにして、先人たちのいいとこ取りをしてみる。そうすることで見えてくるもの、新たに発見するものがあると思うのです。「自分探し」よりも、「自分なくし」。皆さんも実行されてみてはいかがでしょうか。

4 バカボンのパパから学んだ自己肯定感

ギャグ漫画史上に燦然《さんぜん》と輝く、赤塚不二夫《あかつかふじお》の『天才バカボン』。バカボン一家をはじめ、レレレのおじさんやウナギイヌ、目ン玉つながりのおまわりさんなど、奇妙なキャラクターが次々に登場します。なかでもやはり愛すべきは「バカボンのパパ」です。有名なパパの口癖といえば「これでいいのだ!」。なかなかに味わい深い言葉ですよね。

ご存じの通り、バカボンのパパは常識はずれです。考えられないような行動を無邪気にやります。しっかり者のママやハジメちゃんがたしなめても、気にせず「これでいいのだ!」と自分を肯定します。その言葉につられ、ママたちもパパ独自の世界を受け入れることになります。

文楽には家元制度がないため、太夫《たゆう》の師匠方から言われることは全部が正解です。しかし、何人もの先輩から違うことを言われるとさすがに困ってしまいます。そんなとき、三味線の七代目鶴澤寛治《つるざわかんじ》師匠が「あんたは、あんたの富士山描いたらええねんで」とみんなの前で言ってくださいました。ひとくちに富士山といっても、写実的に描く人もいれば、水墨画のように描く人もいる。赤富士を描く人だっているかもしれません。「富士山と分かれば、どれも富士山としてほんまもんや」。その言葉を聞いて、私は救われたと同時に「これでいいのだ!」と心の中で叫びました。ちょうどバカボンのパパと同い年、41歳の春でした。迷っている自分ごと受け入れることができたのです。皆さんも追いつめられたときは心の中で言ってみてください。「これでいいのだ!」と。

5

白隠禅師から学んだ 動きながら考える姿勢

白隠禅師《はくいんぜんし》こと白隠慧鶴《えかく》は、江戸中期の禅僧《ぜんそう》で、臨済宗《りんざいしゅう》中興の祖といわれています。武士から農民までたくさんの人々に布教するため、禅の教えを表した多くの書画や著書を残しました。その数は約1万点にのぼるそう。技巧を超越した、ストレートで迷いのない筆使いは、まっすぐに自分の心の中を見つめて得た大きな悟りの境地が感じられます。ジョン・レノンは白隠の達磨《だるま》図を居間に飾っており、その教えに感銘を受けていたといわれています。

白隠が繰り返し使った常套句に「動中《どうちゅう》の工夫は静中《じょうちゅう》に勝ること百千億倍《ひゃくせんおくばい》す」があります。私の生き方に影響を与えた言葉です。つまり、静かなところで座禅を組んでいるのが修行ではなく、日常の仕事や動きの中にこそ本当の修行がある。その方が百千億倍も勝っているという意味です。白隠は、「動きながら考えろ！」と説いているのです。これは仕事をするうえでも参考になる教えではないでしょうか。

椅子に座ってうんうんうなって考えているより、街を歩いてみたり誰かと話してみたりする方がいいアイディアが浮かぶことがあります。じっとしていてダメならば、まず体を動かしてみるのです。とにかく何か書いているうちに、自然と考えが整理されていくという場合もあります。そうして思いついたことは、どんどん実行にうつしていくのです。一度やってみてダメだったら、またやり直せばいい。動きながら考えるのです。その方が何もやらずに考えてばかりいるよりは、道が開ける可能性は高いと思います。

6 木村蒹葭堂から学んだ ヨコのつながりの大切さ

江戸時代中期、「大坂を通る者で彼のことを知らない者はいない」といわれるほど、世に名前の通った風流好事の博物家がいました。北堀江《きたほりえ》で酒造業を営む坪井《つぼい》屋の主人、木村《きむら》蒹《けん》葭《か》堂《どう》です。堀江は、大坂の市街地の中では最も後発の地域。本格的な開発は1698年頃からで、新開地特有の雑多な要素が同居していたようです。大坂の見世物興行のメッカ、難波《なんば》新地にもほど近く、諸国の珍奇な文物を容易に観覧し、知的好奇心を掻き立てる機会に恵まれた環境だったのでしょう。そこで育った蒹葭堂は、博学多芸な文人で、本草・博物家、画家としてのみならず、書籍などのモノの収集と、幅広い人脈を築いた人物でした。20年間で、のべ4万人近くと会い、その交友範囲は文人や大名、中国の画人、僧、オランダ商館長、朝鮮通信使まで多彩だったといいます。

特筆すべきは、日々彼のもとに集まる知識や情報が一方的なものではなく、相手の希望に応え、自分ができることを提供しあう関係だったことです。彼のコレクションは、互いの信頼に基づく互恵のあり方のなかで蓄積されたものなのです。

専門分野や立場、年齢、そうしたものを超えて結ばれたネットワークの中では、新しい発見や革新的な出会いがあるものです。私の場合、文楽の世界は縦社会ですが、プライベートではヨコのつながりを大切にしています。経済界や政界、芸術家、イノベーター、自分と違った領域の方々と接することで、視野が広がり、自分の本業を俯瞰的に見つめることができるのです。

貴族の乗る牛車《ぎっしゃ》を取り囲む武士たち。「侍《さむらい》」は、本来、貴族などに「侍《さぶら》ふ（そばに仕える）」人のことだったが、保元・平治の乱を境に、徐々に権力者へと変わっていった。『平治物語絵巻』（国立国会図書館デジタルコレクションより）

観劇に役立つ 武士の歴史

監修・文／福田智弘　イラスト／朝野ペコ

「世話物」が当時の世相を反映したトレンディードラマなら、江戸時代以前の武家社会での出来事などを題材にした「時代物」は、いわば「大河ドラマ」。歴史上の人物や合戦などが題材となっているため、歴史を知らなくても楽しめるが、知っていればその何倍も楽しめるところも大河ドラマと似ている。

しかし、時代物で扱う「歴史」は必ずしも史実そのままではない。死んだはずの武将が実は生きていた（！）なんて話も多いのだ。それが物語をドラマティックに演出するポイントでもあるので、史実を知っているか否かで感動も違ってくるはずだ。

また、『仮名手本忠臣蔵《かなでほんちゅうしんぐら》』（P.22）のように、江戸時代（つまり脚本が書かれた頃）の事件をそれ以前の時代に設定し直した話もある。当時の武家の物語を芝居などで扱うことはご法度だったからなのだが、これにより別の効果も生まれた。パロディー効果だ。実際の「赤穂《あこう》事件」を知ってから『仮名手本忠臣蔵』を見ると、「吉良上野介《きらこうずけのすけ》の役割を高師直《こうのもろなお》が演じているんだな！」などと分かり、楽しみも倍になるのだ。

時代物を何倍も楽しくする「武士の歴史」について、分かりやすく解説していこう。

武士の台頭 ―平氏が政権を握る―

武力で射止めたトップの座 ついに訪れた「武士の世」

平安時代末期には、譲位した元天皇、すなわち「上皇《じょうこう》」がそのまま権力を握る、いわゆる「院政《いんせい》」が行われていた。これにより上皇は、天皇でいた時のさまざまなしがらみにとらわれることなく、比較的自由に政治を行うことができた。そして、上皇は、自らの政権を安定させるため、武士を重用した。武士とは、武芸や戦を専門とする人々のことで、偉い人のそばに仕えたり、武装して地方の領主として活躍したりしていた。

1156年、天皇家や貴族の権力争いから保元《ほうげん》の乱が起きる。この時、後白河《ごしらかわ》天皇を勝利に導いた平清盛《たいらのきよもり》や源義朝《みなもとのよしとも》らは、驚異の出世を遂げる。この事件によって、人々の脳裏に一つのことが強く印象づけられた。それは、皇族や貴族の権力争いにおいて、最終的にものをいうのは「武力」、すなわち武士の力だということである。

そして保元の乱から3年ののち、またも貴族たちの権力争いがもととなり、平治《へいじ》の乱が起こる。この戦いで、平氏の棟梁《とうりょう》・平清盛が大活躍して勝利。敗れた源氏の棟梁・源義朝は敗死し、その子・頼朝《よりとも》は伊豆《いず》へと流されることになる。

乱に勝利した平清盛は、朝廷内で急激な出世を果たす。太《だい》政《じょう》大臣という天皇に次ぐ最高の地位に就き、権力を手中に収めたのだ。また、一族の人間を高位高官に就けたほか、娘を天皇に嫁入りさせ、生まれた子をわずか1歳5カ月で安徳《あんとく》天皇として即位させるという剛腕ぶりを発揮した。さらに、平安京から福原《ふくはら》京へと強引に遷都したり、反抗的な態度をとった東大寺《とうだいじ》や興福寺《こうふくじ》を焼き討ちしたり、後白河法皇を幽閉したりと、その傲慢さも史上類を見ないほどのものとなった。

平氏の台頭を会社に例えると……

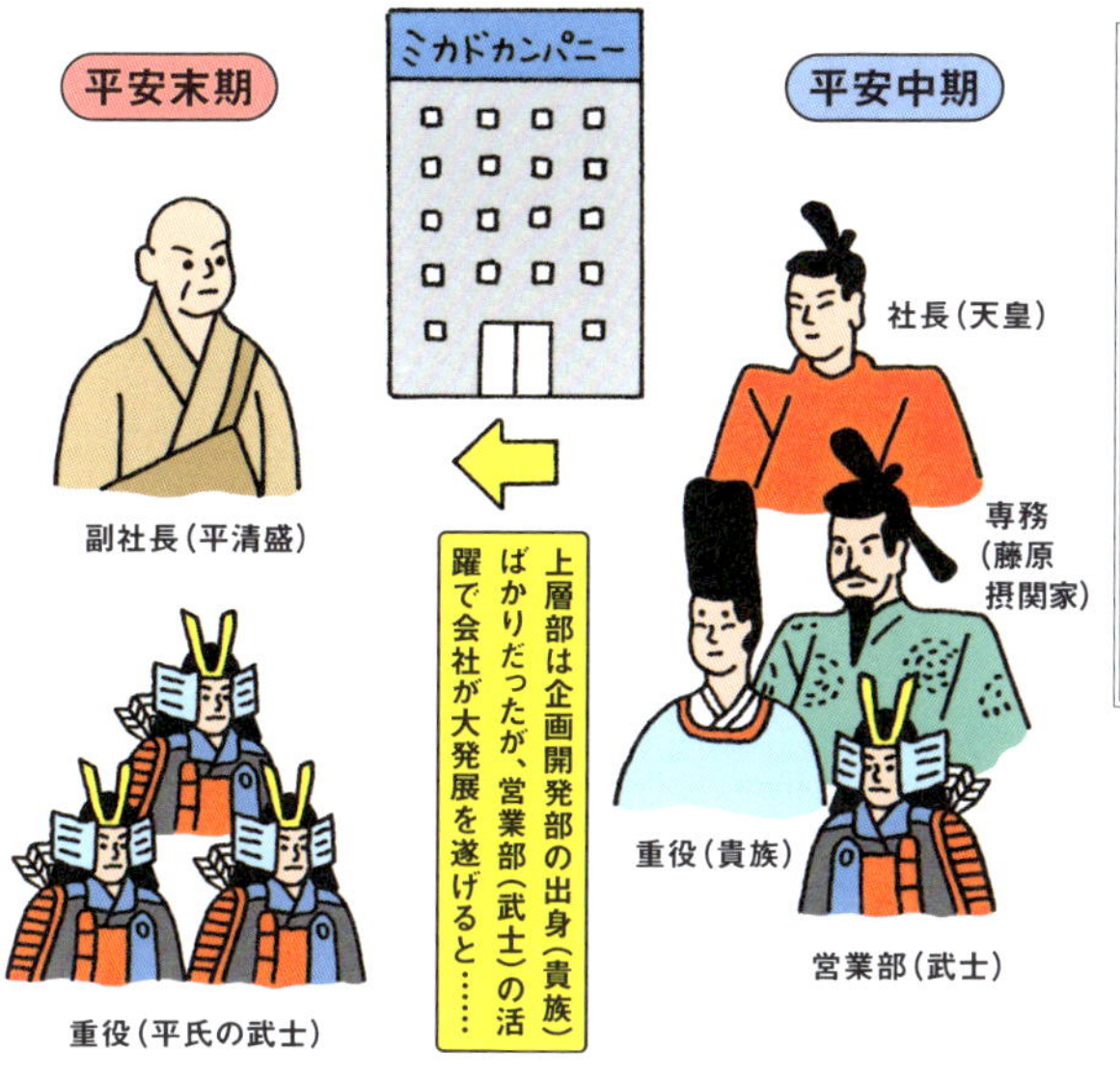

営業部のトップ（武士の棟梁）だった平清盛は専務（摂政・関白）を飛び越え、副社長（太政大臣）に。会社の重役も営業部出身が占めることに。

源義経による「鵯越の逆落し」の急襲で有名な一ノ谷の戦い。中央は平敦盛《あつもり》を討ったことで知られる熊谷直実。右側を滝のように駆け下りてくるのが源義経らの軍勢である。『大日本歴史錦絵』（国立国会図書館デジタルコレクションより）

源平合戦 ―鎌倉幕府の誕生―

おごる平氏は久しからず!?
カリスマたちが夢の跡

「平氏《へいし》にあらざれば、人にあらず」と、強引に権力を独占した平氏に対し、徐々に不満の声が湧き上がり始めた。そこに後白《ごしら》河《かわ》法皇の皇子・以仁《もちひと》王が平家追討の檄文《げきぶん》を発すると、地方で肩身の狭い思いをしていた源氏の武士たちが立ち上がった！ リーダーにまつり上げられたのが、源 義朝《みなもとのよしとも》の子・頼朝《よりとも》である。

頼朝挙兵の報が都に届いた頃、時の権力者・平清盛が病に倒れた。水をかけてもすぐに蒸発してしまうほどの熱病で、ついに希代の英雄は鬼籍《きせき》に入る。人々は、東大寺《とうだいじ》などを焼き討ちした天罰が下ったのだとささやき合った。

巨大なカリスマを失った平氏は一気に劣勢となる。最初に京の都に入ったのが、頼朝の従兄弟・木曽義仲《きそよしなか》。力づくで平氏を都落ちさせた義仲だったが、乱暴な行いも目立ち、やがて後白河法皇や頼朝と対立。頼朝の弟・義経《よしつね》、範頼《のりより》らによって都を追われてしまう。木曽四天王の一人、樋口《ひぐち》兼光《かねみつ》も討たれ、軍事の天才といわれた義仲も矢折れ刀尽き、数え31歳で命を落とした。

平氏を追い詰めた
ヒーロー義経の運命は？

木曽義仲を退治した源義経・範頼らの軍勢は、続いて逃げ落ち

義経が愛した静御前は謎多き美女？

『白拍子』（部分）北斎館所蔵

源義経の愛妾・静御前《しずかごぜん》。悲劇のヒロインとして知られているわりに、その素顔は意外と分かっていない。『吾妻鏡《あずまかがみ》』などごく限られた史料にしか、その名前は見えないからだ。

静はもともと白拍子《しらびょうし》だった。「白拍子」とは、当時はやっていた歌と踊りの名手で、男装して歌うのを特徴としていた。いわば宝塚《たからづか》スター風の芸者のようなものだろうか？ やがて、義経の側室となり、頼朝と対立した義経に付き従って落ちのびることになる。しかし、行く末を案じた義経は、静と別れ、彼女を京へと返すのだが、運悪く静は頼朝側に捕まり、鎌倉へと送られてしまう。

静が舞の名手だと聞いた頼朝は、踊りを披露するよう命じた。敵方によって強制された静は、けなげに、華麗に舞った。そして、頼朝の目の前で、敵である義経を思慕する歌を堂々と披露したのだ。その時、静のお腹の中に芽生えていた新しい命は、生まれるや否や頼朝らによって殺されてしまう。その後の静の、行方は知れない……。

ちなみに、『ドラえもん』に登場する「しずかちゃん」のフルネームは「源《みなもと》静香《しずか》」。静御前にあやかった名だといわれている。

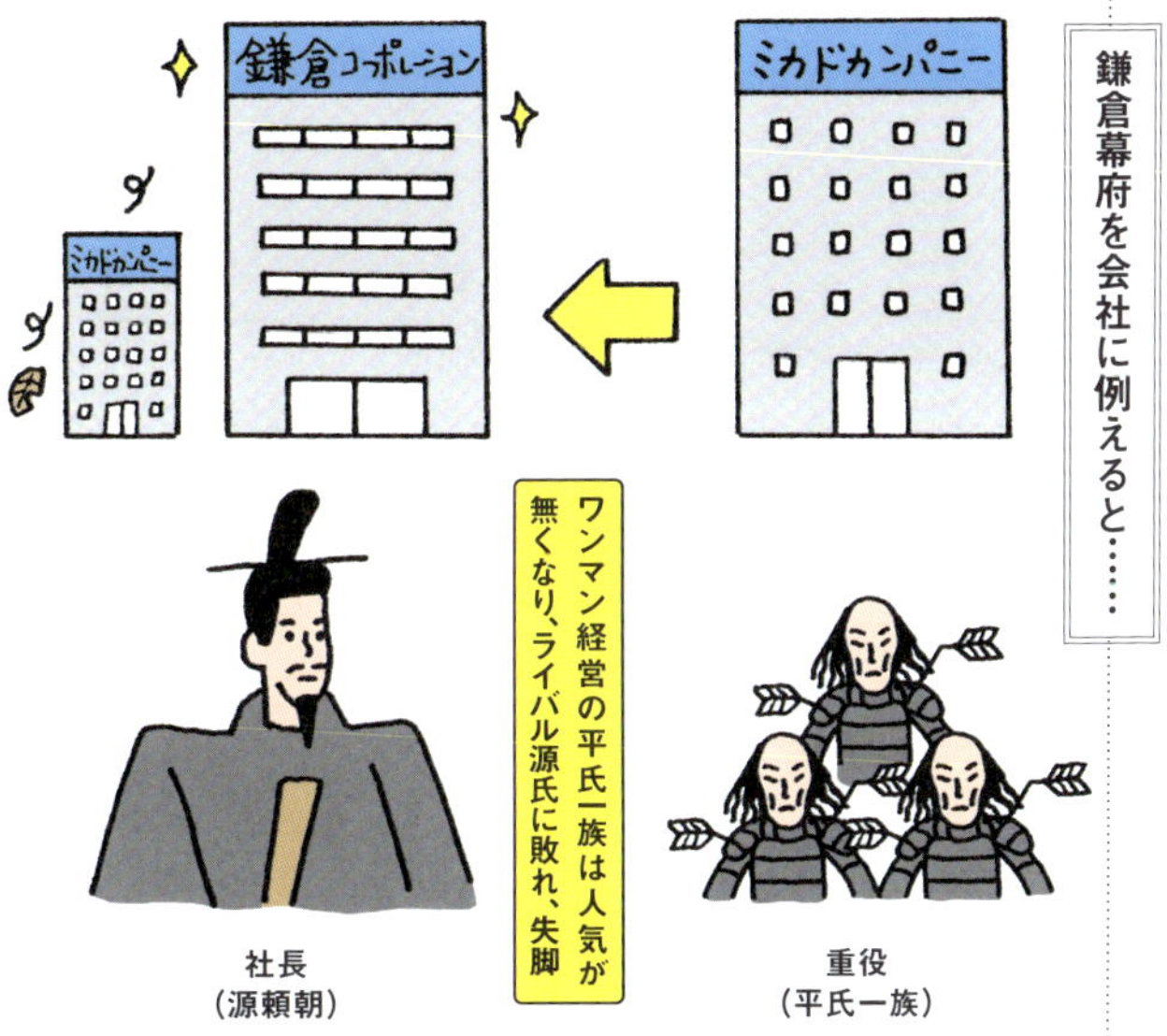

新たに営業部のトップになった源頼朝は本社（朝廷）の重役にならず、別会社（鎌倉幕府）を設立。本社は実権のない持ち株会社に。

る平氏追討に走る。一《いち》ノ谷《たに》の戦いでは、梶原景季《かじわらかげすえ》、熊谷直実《くまがいなおざね》らの活躍や義経軍による「鵯越《ひよどりごえ》の逆《さか》落《お》し（急坂を駆け下りる急襲）」などで平氏を圧倒。その後も那《な》須与一《すのよいち》が活躍したことで有名な屋島《やしま》の戦いなどを経て、西へ西へと追い詰められた平氏は、やがて本州の西の端・壇《だん》ノ浦《うら》で滅亡。清盛《きよもり》の妻らは安徳《あんとく》天皇とともに海へと身を投げた。これらの合戦などを舞台にして描かれたのが『ひらかな盛衰記《せいすいき》』（P40）や『一谷嫩軍記《いちのたにふたばぐんき》』（P48）である。

これら平氏討伐のMVPは、源義経といえよう。しかし、のちに義経は、兄・頼朝と仲たがいし追われる身となる。弁慶《べんけい》らと奥州《おうしゅう》へ落ちのびた義経は、やがて自害して果てることに。『義経《よしつね》千本桜《せんぼんざくら》』（P30）に描かれる悲劇は、この話をもとにしている。

かくして、ライバルの平氏だけではなく、身内である義仲や義経までも葬った源頼朝は、征《せい》夷大将軍《いたいしょうぐん》となり独自の政権を立てた。初の本格的武家政権・鎌倉幕府の誕生である。

南北朝の戦いの一つ、四条畷《しじょうなわて》の戦い。南朝側を代表する武将楠木正成の子・正行《まさつら》（中央）は、この戦いで高師直率いる北朝軍に敗れ、命を落としている。まだ20代前半の若さだった。『大日本歴史錦絵 』（国立国会図書館デジタルコレクションより）

室町時代
―南北朝の動乱―

鎌倉幕府140年の栄華に終止符を打ったのは？

鎌倉幕府は、頼朝《よりとも》の家系が3代で絶えた後も、妻の実家・北条《ほうじょう》氏が中心となり、140年以上も栄え続けた。しかし、もう一度、天皇中心の政治を取り戻したいと考えた後醍醐《ごだいご》天皇が、幕府を倒そうという動きを見せると、楠木正成《くすのきまさしげ》ら各地の武士がそれに賛同。一挙に倒幕の動きが高まっていった。

危機を感じた鎌倉幕府は、その動きを鎮めようと、名将・足利《あしかが》高氏《たかうじ》を派遣したのだが、この高氏が幕府を裏切って後醍醐天皇側に寝返ってしまう。これが決め手となり鎌倉幕府は滅亡。殊勲の足利高氏は、後醍醐天皇の名「尊治《たかはる》」から一字もらい、足利尊氏と改名する。

こうして後醍醐天皇は、念願だった天皇中心の政治（建武《けんむ》の新政《しんせい》）を復活させたのだが、これが武士をはじめ多くの人からすこぶる評判が悪かった。朝廷は、140年以上も政治の前線から遠ざかっていたのだから、当然といえば当然のことである。

天皇が2人いる？空前絶後の南北朝時代

この後醍醐天皇らに反旗を翻したのは、またもや足利尊氏だった。尊氏は後醍醐天皇らを京都から追い出し、新たに京都に別の天皇を立てて北朝としたのだ。そして、1338年、自らは征夷《せいい》大将軍《たいしょうぐん》となり、室町幕府を開くことに成功する。

　しかしながら、奈良の吉野《よしの》に逃れた後醍醐天皇も、その正統性を主張してはばからない。こうして尊氏の立てた北朝と後醍醐天皇の南朝とが争う南北朝の時代が訪れたのである。

　この争いは、尊氏の執事・高師《こうのもろ》直《なお》らの活躍で、一時北朝側が有利となるも、高師直と対立した尊氏の弟・直義《ただよし》が南朝と組むなど騒乱は複雑化。結局1392年、尊氏の孫・3代将軍足利義満《よしみつ》の時代になって南北朝の合一が果たされるまで、動乱は半世紀以上も続いたのである。

　この3代将軍足利義満は、南北朝の合一を成し遂げただけでなく、力が強くなりすぎた守護《しゅご》大名を懲らしめるなどして、武家社会を統率。強固な政権を築き上げた。しかし、義満の孫の代になると、大きな騒乱が起き、治安は大きく乱れていく。それが応仁の乱である。

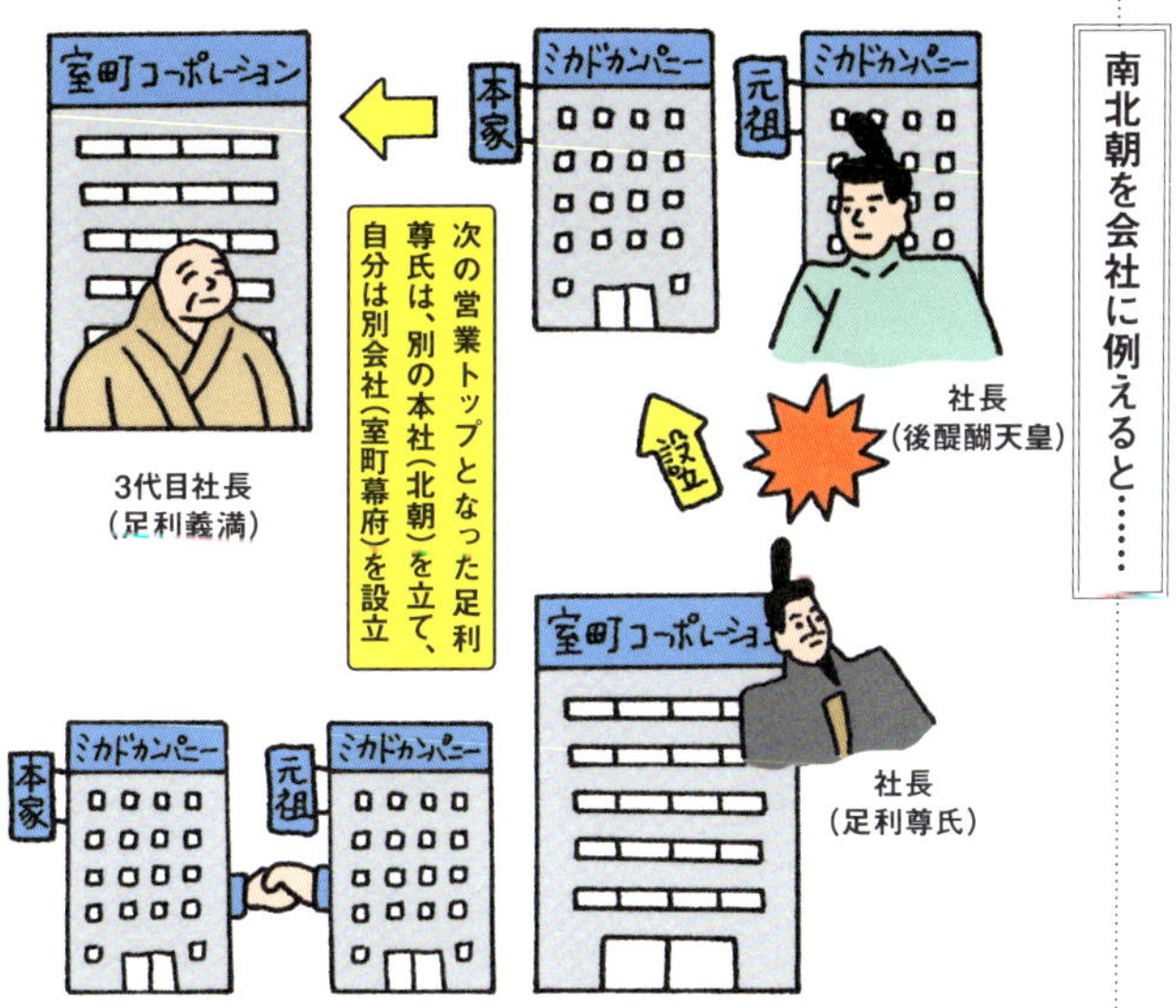

その後、しばらくは二つの本社が対立していたのだが……。室町コーポレーション3代目のやり手社長のおかげで、無事、統合（南北朝の合一）がなされることとなった。

『仮名手本忠臣蔵』でおなじみの高師直とは？

『俳優似顔東錦絵』
（国立国会図書館デジタルコレクションより）

　鎌倉幕府の倒幕から室町幕府の運営に至るまで、足利尊氏の側近として活躍したのが高師直だ。南北朝の争いにおいては、石津《いしづ》の戦いで北畠顕家《きたばたけあきいえ》、四条畷の戦いで楠木正行と、南朝側の重臣を次々に死に至らしめるという功績を残している。

　旧習や常識にとらわれず、華美な服装をして自由気ままにふるまうことを「婆娑羅《ばさら》」といい、当時流行の風俗だった。権威におもねることなく、皇居さえ躊躇なく焼き払った高師直は、その代表格としてしばしば「ばさら大名」などと称されている。

　一方で、『太平記《たいへいき》』では、味方の武将・塩冶《えんや》判官高貞《はんがんたかさだ》の妻に恋をしてしまい、讒言《ざんげん》を用いてその武将を死に至らしめるという、女好き、かつ傲慢で、少々おまぬけな人間に描かれている。この設定は、『仮名手本忠臣蔵《かなでほんちゅうしんぐら》』にも活かされている。

　その後の高師直は、足利尊氏の弟である足利直義と対立。直義方の武将の恨みを買って、殺されている。

　すっかり悪役として定着した感のある高師直だが、武勇と政治力に優れていたのはもちろん、和歌や書なども手がける、有能で情もわきまえた人物だったともいわれている。

史上名高い川中島の戦い。激戦だった第4次の戦いでは、上杉謙信、武田信玄の両雄による一騎打ちが行われたとされ、しばしば浮世絵などの題材ともなったが、史実か否かは不明だ。『武田上杉川中嶋大合戦の図』（国立国会図書館デジタルコレクションより）

激動の戦国時代 ―日本各地で下克上!?―

応仁の乱が勃発し、下克上の世が訪れる

室町幕府8代将軍・足利義政《あしかがよしまさ》はある問題を抱えていた。彼には、後継となる子がいなかったのだ。そこで出家していた弟・義視《よしみ》を還《げん》俗《ぞく》させ、次期将軍とするべく準備を整えていたところ、皮肉なことに待ち望んでいた実子・義尚《よしひさ》が誕生する。すると、なんとか自分の子を将軍にしたいと考えた義政の妻・日野富子《ひのとみこ》には有力武将である山名宗全《やまなそうぜん》が、一方の義視には細川勝元《ほそかわかつもと》が味方につき、将軍継嗣の争いが起こる。そこに、部下である守護《しゅご》大名家の跡継ぎ争いや山名・細川らの勢力争いが加わり、1467年、大乱が勃発する。「応仁《おうにん》の乱」である。

この戦いは約11年間も続いた。途中で山名、細川両将が亡くなり、9代将軍が義尚と決まった後もなお、守護大名らによる戦いが続いたのである。その結果、京の町は荒れ果て、室町幕府の権威は地に落ちてしまう。

幕府による統制が効かなくなり、勝手に領地争いをする大名が現れたほか、守護大名が京で争っているうちにその部下が領地を奪ってしまうといった「下《げ》克上《こくじょう》」の風潮も次第に広まっていった。実力だけがものをいう「戦国時代」の始まりである。

こうしたなか、一国を支配するほどの力をつけていったのが戦国大名たちである。

ミスター下克上！ レジェンド武将・斎藤道三

『斎藤（道三）利政画像』
（東京大学史料編纂所所蔵模写）

『本朝廿四孝』では足利義晴《よしはる》を暗殺した真犯人とされる斎藤道三《さいとうどうざん》。実際の道三も、一介の油売りから武士となり、次々と上司を追放、殺害して美濃《みの》国（岐阜県）の領主となる。まさに下克上の見本のような人物といわれている。ところが、最近の研究により、どうやらそれは誤りのようだと分かってきた。

「幼い頃に寺に預けられ、やがて還俗して油売りとなったのち、美濃国の重臣に仕え、武士として出世の糸口をつかんだ」という実績は、多少誇張はあるとしてもおおむね事実のようだ。ただし、それは斎藤道三ではなく、道三の父についての話のようなのである。つまり、斎藤道三自身は、武士の子としてキャリアをスタートさせているのだ。

しかし、その後主筋の武将を殺害し、守護を追放して、美濃国を自分のものにしたのは道三の実績とされる。「ミスター下克上」といわれるのも、決して間違いではない。

実力で美濃国を制した道三だったが、その末路はなんとも哀れだった。家督を譲った息子・義龍《よしたつ》と不和になり、戦いをしかけられて命を落としているのだ。実の子に命を奪われることになったのは、下克上を繰り返した天罰が下ったのだろうか？

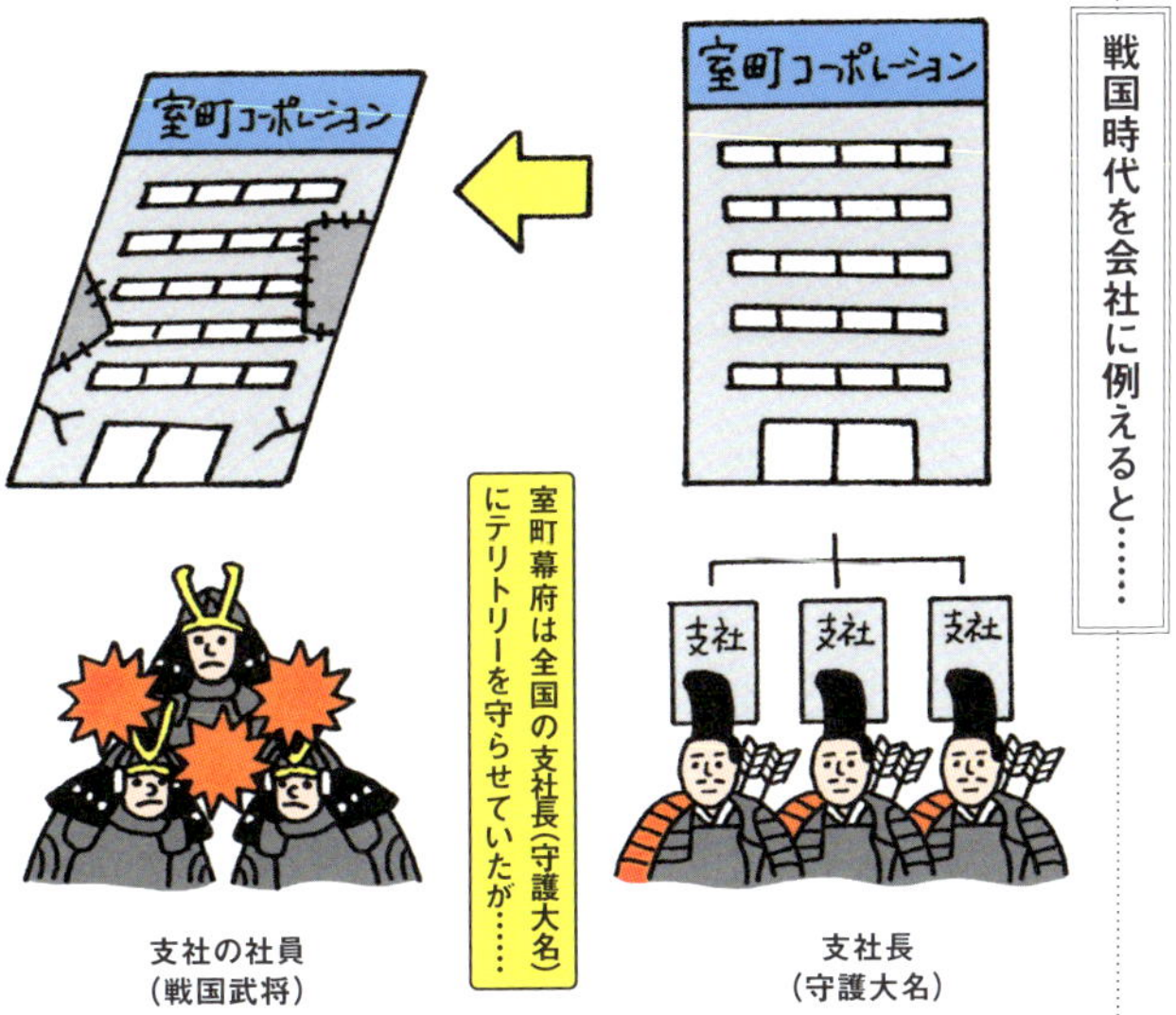

8代目社長の代に不祥事（応仁の乱）が起こり、会社が弱体化。支社の人間（戦国武将）がテリトリーを奪い合い、上司を勝手に追放する戦乱の世に。

有力武将たちが覇権を競う 群雄割拠の時代が到来！

最初の戦国大名といわれる北《ほう》条《じょう》早雲《そううん》は、妹の嫁ぎ先である駿《する》河《が》国（静岡県中部）の今川《いまがわ》家の御家騒動を収めた功績により一城の主となったのち、近隣の伊豆《いず》国（静岡県東部）、相模《さがみ》国（神奈川県）へと進出を果たし、関東に大きな勢力を築いた。

甲斐《かい》国（山梨県）は元々守護大名・武田《たけだ》氏が支配していた土地だが、武田信玄《しんげん》は、自分の父を追放するという少々強引な手法で一国の主となっている。越後《えちご》国（新潟県）の上杉謙信《うえすぎけんしん》は、他国の戦にも積極的に介入。そして、武田信玄に追われた信濃《しなの》国（長野県）の武将が上杉謙信を頼ったことから、両雄は川中島《かわなかじま》で何度も刃を合わせることになる。この両者の戦いを描いた作品に『本朝《ほんちょう》廿四孝《にじゅうしこう》』（P44）がある。

他にも中国の毛利《もうり》、九州の島《しま》津《づ》などが勢力を広げるなか、徐々に頭角を現すのが尾張《おわり》国（愛知県西部）の織田信長《おだのぶなが》である。

本能寺の変を描いた錦絵。向かって右が槍で応戦しようとしている織田信長。中央が、本能寺攻めの先鋒を務めた明智光秀の家臣・安田国《やすだくに》継《つぐ》（作兵衛《さくべえ》）、左は信長の小姓・森蘭丸《もりらんまる》。『本能寺焼討之図』（名古屋市秀吉清正記念館所蔵）

安土桃山時代
―天下統一への道―

戦国の世をさっそうと駆け抜けた信長の一生

尾張《おわり》の守護《しゅご》代の一族だった織《お》田《だ》信長《のぶなが》は、やがて尾張一国を平定。するとそこに、駿河《するが》国の大大名・今川義元《いまがわよしもと》の大軍勢が襲ってきた。今川軍約2万5千に対し、織田軍はわずか数千。しかし、信長は、果敢な急襲で今川の大軍勢を返り討ちにしてしまったのだ。これが名高い「桶狭間《おけはざま》の戦い」である。

戦国の世にその名をとどろかせた信長は、その後、隣の美濃国も平定する。やがて将軍一族の足利義昭《あしかがよしあき》を保護し、彼を室町幕府の15代将軍に立てて京の都に入った。

以降、対立勢力を徐々に圧倒。戦国最強といわれた武田《たけだ》氏も滅亡に追い込み、ついに天下統一まであと一歩と迫った。

そんな信長が、京の本能寺《ほんのうじ》で休んでいたとき、事件は起こった。重臣・明智光秀《あけちみつひで》が謀反を起こしたのだ。無防備な本能寺は紅蓮の炎に包まれ、戦国の覇王・織田信長は自害して果てた。

光秀の三日天下を終わらせ真の天下人となった秀吉

しかし、信長を倒した明智光秀の天下は続かなかった。主君・信長の訃報を備中《びっちゅう》国（岡山県）の戦場で知った豊臣秀吉《とよとみひでよし》が、すぐに戦を終わらせて、わずか10

安土桃山時代を会社に例えると……

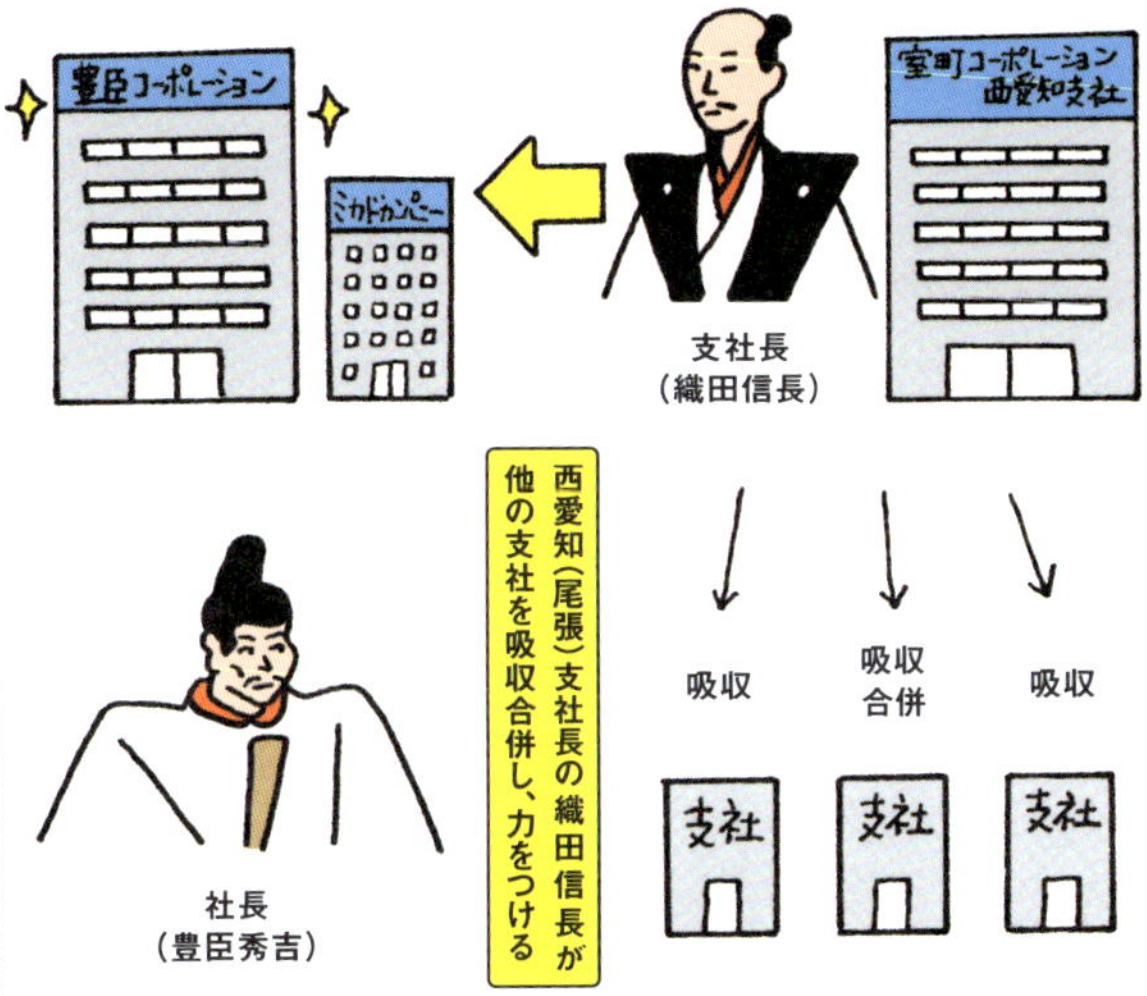

信長の跡を継いだ豊臣秀吉は全国の支社を吸収合併し、新たに豊臣コーポレーション（豊臣政権）を設立。本社（朝廷）の常務（関白）も兼任し、権力を集中させた。

日で畿内へと駆けつけ、山崎《やまざき》の戦い（天王山《てんのうざん》の戦い）で明智光秀を討ったのだ。「三日天下」と呼ばれた明智光秀の天下は、実際にわずか11日間で幕を閉じたのである。ちなみに、この間の出来事をもとに描かれたのが『絵本太功記《えほんたいこうき》』（P36）だ。

この後、秀吉は、織田家家臣同士の争いを制し、信長の後継者の地位を固めると、毛利《もうり》、徳《とく》川《がわ》、上杉《うえすぎ》らの有名な武将たちを従わせたほか、四国の長宗我《ちょうそか》部《べ》、九州の島津《しまづ》、関東の北条《ほうじょう》など従わぬ大名を力でねじ伏せ、1590年、ついに天下統一を達成した。貧しい農民の出ともいわれる秀吉が天下を制し、朝廷でも「関白《かんぱく》」という天皇に次ぐ位を手中に収めたのである。

豪華な建物を建て、多くの側室をそばに置いた天下人・秀吉。その大いなる野望は日本国内にとどまらず、ついには朝鮮出兵まで決行。しかし、その途中、秀吉は病で没した。再び天下に暗雲が立ち込めるようになったのである。

成り上がりはなぜアートを愛するのか？

『豊臣秀吉画像 真田昌幸花押』
（東京大学史料編纂所所蔵模写）

豊臣秀吉が建てた城や寺には、狩野永徳《かのうえいとく》や長谷川等伯《はせがわとうはく》など当代一流の画家の描いた障壁画が飾られていたという。また、秀吉は茶道にも関心が深く、北野大茶湯《きたのおおちゃのゆ》という空前絶後の大茶会を催したり、純金の茶室を作ったりもしている。

金に糸目をつけずアートを堪能しようとする姿からは、世界の名画などを競うように買いあさっていた、バブル期の日本の経営者たちの姿が思い起こされる。いや、最近でも新興企業のCEOが、名画や高価な楽器などを購入して話題になることがある。時代を超えた共通点のようだが、なにゆえ、一代で成り上がった人たちは、アートを好むのだろうか？

秀吉の場合、貧しい家の生まれという出自がコンプレックスとなり、それをはね返すように、豪華で芸術的なものを求めた、という側面はあるだろう。派手好きで安土《あづち》城を狩野永徳らの障壁画で飾り、茶の湯も好んだという織田信長の影響ももちろん考えられる。もう一つ、権威の象徴としてアートの力を使ったという側面もあろう。圧倒的な財力と権力を誇示して反乱の芽を摘むには、スケールの大きい豪華な建物や一流の絵画などを見せつけるのが分かりやすいやり方だからだ。

葛飾北斎《かつしかほくさい》が描いた忠臣蔵の図。ただし、四十七士が揃いの山形模様の羽織を着ているのは、『仮名手本忠臣蔵』などの脚色によるもの。この絵も、それをもとに描かれている。『北斎仮名手本忠臣蔵』（国立国会図書館デジタルコレクションより）

江戸時代 —赤穂浪士の復讐—

天下分け目の戦いののち、天下泰平の世が訪れた！

豊臣秀吉《とよとみひでよし》の死後、徳川家康《とくがわいえやす》が次の天下取りに動いた。しかし、秀吉の死後は、その子・秀頼《ひでより》を守り立て、豊臣政権を継続するべきだと主張する武将も少なからずいた。その代表たる石田三成《いしだみつなり》と徳川家康がついに武力衝突したのが、天下分け目といわれる関ケ原《せきがはら》の戦いである。

この国中の武将たちが東西二つの陣営に分かれて争う一大決戦を制した徳川家康は、征夷大将軍《せいいたいしょうぐん》となり幕府を開いた。江戸幕府２６０年超に及ぶ歴史がここに始まる。

江戸幕府は、限られた国としかつきあわない「鎖国《さこく》」、1年ごとに大名を江戸と国元とに交互に住まわせる「参勤交代《さんきんこうたい》」、キリスト教を禁じる「禁教《きんきょう》」などの仕組みを3代将軍家光《いえみつ》の頃までに順次整えていった。そして、犬など生き物を大切にすることで有名な「生類憐《しょうるいあわれ》みの令」を出した5代将軍綱吉《つなよし》の頃には、町人を担い手とした元禄《げんろく》文化も栄えた。その頃、とある事件が起きた。「赤穂《あこう》事件」である。

主君の恨みを晴らした？四十七士の心意気！

１７０１年、赤穂藩主・浅野《あさの》内匠頭《たくみのかみ》が江戸城内で幕府高官・吉良《きら》上野介《こうずけのすけ》に斬りかかった。

『国性爺合戦』のモデルは世界的スターだった？

『鄭成功画像』（国立台湾博物館所蔵）

江戸幕府3代将軍・徳川家光の時代、中国で大きな動きが起こっていた。270年以上中国を支配していた明《みん》が滅亡し、満州《まんしゅう》族の王朝・清《しん》が起こったのである。この大きな歴史の転換期に、独特の輝きを放ったのが『国性爺合戦《こくせんやかっせん》』（P18）の和藤内《わとうない》のモデルとしても知られる、鄭成功《ていせいこう》という人物だ。

鄭成功は、中国人の父と日本人の母とのハーフ。1624年、長崎の平戸《ひらど》で生まれた。鎖国中だった当時の日本において、平戸は数少ない異国との窓口であった。

幼い頃に中国大陸へと渡った鄭成功が20歳を迎えた頃、明帝国は滅亡の憂き目に遭う。しかし、彼は、父とともに明の勢力回復に努め、皇帝より明王室の姓・朱《しゅ》（国姓）を贈られた。以来「国姓爺」と呼ばれるようになる。

父が清に降伏した後も、鄭成功は、明の再興を目指し清と戦いを続ける。やがて台湾を支配していたオランダを駆逐して全島を支配。台湾を拠点にして清への抵抗活動を続けたのである。

その後、鄭成功は30代で病没。孫の代に清に降伏するのだが、敵であったはずの清もその功績を認め、遺骸は父の故郷である福建《ふっけん》省に葬られている。現在でも、台湾、中国で、ともに英雄視されているという。

赤穂事件を会社に例えると……

事件を起こした支社は閉鎖。解雇された元社員ら（赤穂浪士）は、暴行事件のきっかけをつくった重役に仕返しをすべく、集団暴行事件（討ち入り）を起こした。

理由は定かではないが、吉良上野介が浅野内匠頭に対し、なんらかの屈辱的な言動をとったためともいわれている。しかし、江戸城内では抜刀すらご法度。浅野内匠頭には切腹の判決が下り、御家は断絶となる。

我慢がならなかったのは、藩の取り潰しにより、浪人となった旧赤穂藩の武士たち（赤穂浪士）だ。「喧嘩は両成敗ではなかったか！　なにゆえわが殿だけが切腹となり、吉良上野介にはなんのおとがめもないのか！」

こうして亡き殿の恨みを晴らすという志を持った大石内蔵助《おおいしくらのすけ》ら47人の志士たちは、燃え盛る思いを胸に秘め、頃合いを待った。そして1702年12月14日、その時は来た！　四十七士は吉良邸に討ち入り、憎き吉良上野介の首をとったのだ。しかし、そのようなテロ行為が許されるはずもなく、志士たちは切腹して果てることになる。この事件をもとに、時を南北朝時代に移して描かれたのが、『仮名手本《かなでほん》忠臣蔵《ちゅうしんぐら》』である。

そうだ劇場、行こう

文楽に初めて行くなら

東京では毎年12月、大阪は毎年6月にビギナー向けの鑑賞教室がある。文楽の名作を上演するほか、出演者が実演を交えて、舞台の魅力を解説。来場者には文楽の基礎知識をまとめた小冊子や公演プログラムが配布され、チケットも通常の公演よりリーズナブルでお得感満載。

外国人を連れていくなら

右記の鑑賞教室と同時期に開催されるのが『Discover BUNRAKU』という英語の解説付き公演。海外クライアントの接待や、ユニークなおもてなしをしたい方におすすめ。また、通常の本公演でも英語対応のイヤホンガイドがある。大阪の国立文楽劇場《こくりつぶんらくげきじょう》には、英語、中国語、韓国語のあらすじも用意されている。

家族と一緒に行くなら

東京、大阪ともに車椅子専用の鑑賞スペースがある。スロープ状の通路や多目的トイレといったバリアフリー設備もあるので安心。また、東京の国立劇場《こくりつげきじょう》には、観劇の間に子どもを預かってくれる託児サービスも（要予約）。夫婦水入らずの文楽デートもかなう。

大阪出張のときは

大阪の国立文楽劇場には当日限定の幕見《まくみ》席《せき》がある。500～1500円という低価格で一幕だけ鑑賞が可能。出張時、半日使わずともサクッと文楽を楽しむことができる。幕見席のチケットは当日の窓口営業開始時より先着順で販売。

チケットを入手するには……

劇場窓口で購入するほか、共通のチケットセンター（電話・インターネット）で申し込めば、スムーズに入手できる。空席状況の確認や座席指定ができるので、希望の席がある場合は早めの購入がおすすめ。また、料金や発売日は公演により異なるので、詳細情報は事前にチェックを。

○国立劇場チケットセンター

☎0570-07-9900　☎03-3230-3000（一部IP電話等）

電話予約の受付は10:00～18:00

ticket.ntj.jac.go.jp（PC・モバイル共通）

○国立劇場

［東京・半蔵門］

1966年開場、日本初の国立劇場。文楽の本公演は2月、5月、9月、12月に上演される。劇場裏手には文楽や歌舞伎の企画展示が行われる伝統芸能情報館がある。

東京都千代田区隼町4-1　☎03-3265-7411（代表）

○国立文楽劇場

［大阪・日本橋］

1984年開場。文楽の定期公演は1月、4月、7月下旬～8月上旬、11月に上演される。1階の資料展示室では、文楽の歴史や舞台道具の構造などが学べる。

大阪府大阪市中央区日本橋1-12-10　☎06-6212-2531（代表）

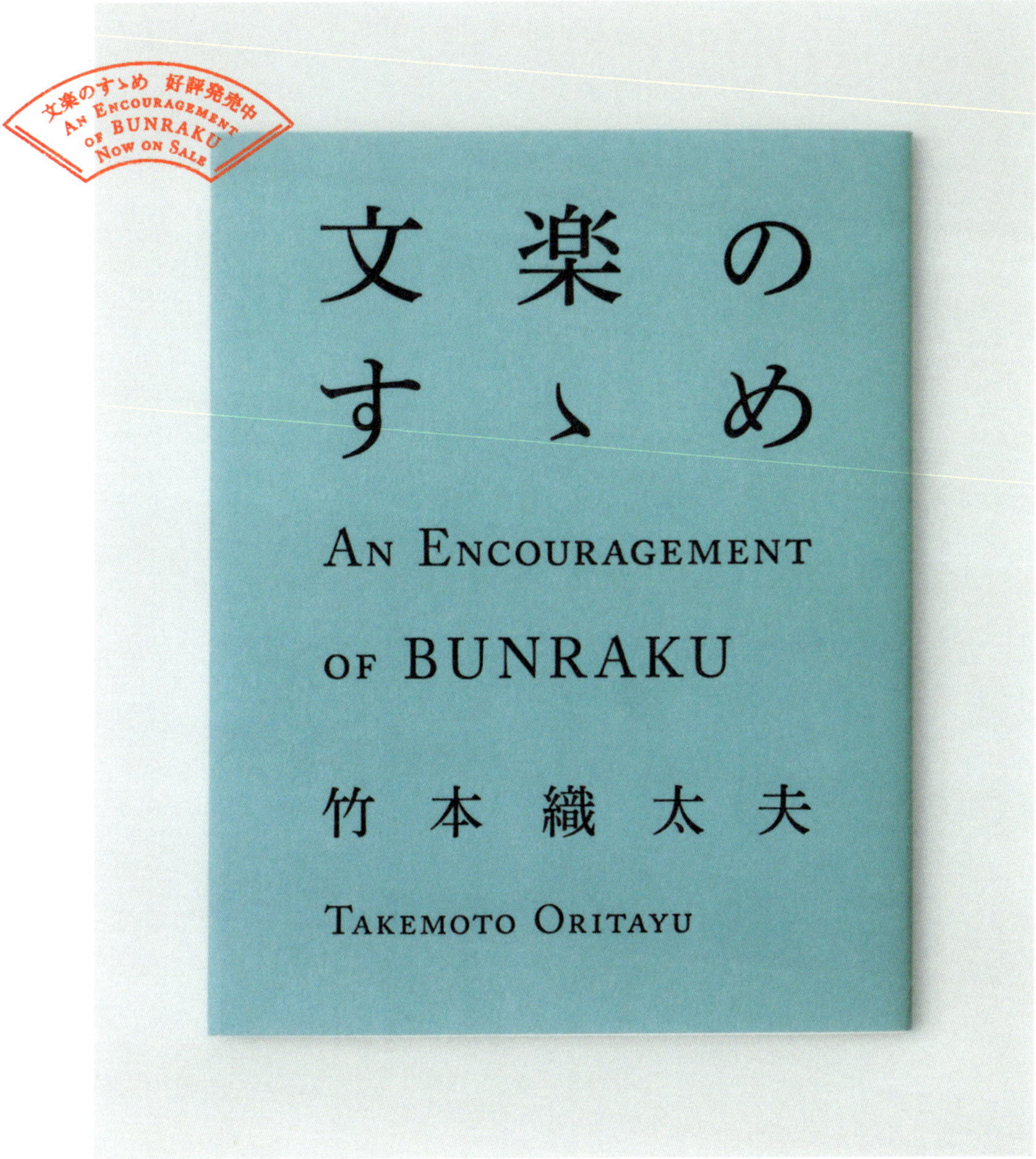

これから観るあなたへ　のすゝめ！

文楽のすゝめ

文楽の入門書としておすすめの一冊。ゲス不倫に嫁姑問題、マイルドヤンキーによる殺人など、江戸時代のワイドショーである世話物を取り上げ、分かりやすく紹介する。文楽の舞台裏解説や、観劇に役立つ江戸時代の常識も収録。文楽の魅力を余すことなくお届け！（実業之日本社刊）

・絶対に観ておきたい世話物の名作10作品をピックアップ
・世界的に珍しい文楽の三業や舞台構造を分かりやすく解説
・文楽界の敏腕プロデューサー・近松門《ちかまつもん》左《ざ》衛門《えもん》の魅力に迫る
・人気作家三浦《みうら》しをんなど豪華執筆陣によるエッセイを収録
・グルメや建築、文楽の聖地を巡る大阪ぶらあるきガイド
・織太夫が語る、太夫としての「これまで」と「これから」

主な参考文献

『この国のかたち 一』（司馬遼太郎／文春文庫）
『司馬遼太郎全講演第2巻 1984-1989』（司馬遼太郎／朝日新聞社）
『本の中の世界』（湯川秀樹／岩波新書）

協力

独立行政法人 日本芸術文化振興会 国立文楽劇場
独立行政法人 日本芸術文化振興会 国立劇場
一般社団法人 人形浄瑠璃文楽座
サントリーホールディングス株式会社
神津武男
高木秀樹
渕田裕介
吉田簑助（P5、P22『仮名手本忠臣蔵』、P52『生写朝顔話』の舞台写真）

資料提供

P2〜3　写真提供／婦人画報2017年12月号
P4〜5、22『仮名手本忠臣蔵』国立文楽劇場2012年11月公演
P14『妹背山婦女庭訓』国立文楽劇場2016年4月公演
P26『菅原伝授手習鑑』国立文楽劇場2014年4月公演
P108　写真提供／国立劇場

本書内の価格は税込で記載してあります。掲載店のデータは2019年11月現在のものです。

監　修　竹本織太夫（たけもと・おりたゆう）

1975年、大阪・西心斎橋に生まれる。祖父は文楽三味線の二代目鶴澤道八、大伯父は四代目鶴澤清六、伯父は鶴澤清治、弟は鶴澤清馗。1983年、豊竹咲太夫に入門、豊竹咲甫太夫を名乗る。1986年、10歳で初舞台を踏む。NHK Eテレの『にほんごであそぼ』にレギュラー出演するなど、文楽の魅力を幅広く発信。2018年1月、八代目竹本綱太夫五十回忌追善・六代目竹本織太夫襲名披露公演において、六代目竹本織太夫を襲名。2011年、第28回咲くやこの花賞、2013年、第34回松尾芸能賞新人賞、平成25年度大阪文化祭賞グランプリ、2018年、関西元気文化圏賞ニューパワー賞、2019年、第38回国立劇場文楽賞文楽優秀賞など、受賞歴多数。

編　集　嶋浩一郎
福山嵩朗
藤森文乃

デザイン　good design company

DTP　ヒノキモトシンゴ

校　閲　本田紘美

ビジネスパーソンのための　文楽《ぶんらく》のすゝめ

2019年12月15日　初版第1刷発行

監　修　竹本織太夫
発行者　岩野裕一
発行所　株式会社実業之日本社
〒107-0062 東京都港区南青山5-4-30 CoSTUME NATIONAL Aoyama Complex 2F
電　話　（編集）03-6809-0473（販売）03-6809-0495
ホームページ　https://www.j-n.co.jp/
印刷所　大日本印刷株式会社
製本所　大日本印刷株式会社

ISBN 978-4-408-53746-7（編集第二）